Adeamus!

Arbeitsheft 1
Ausgabe C

Herausgegeben von
Volker Berchtold
Prof. Dr. Markus Schauer

Erarbeitet von
Dagmar Adrom
Heiko Deden
Delia Göbeler
Robert Reisacher
Margot Schuller
Kerstin Vormwald
Dirk Weidmann

Oldenbourg Schulbuchverlag, München

Inhalt

Lektion	Grammatik			Seite
1	**G1**	**F**	Infinitiv (a-/e-Konj.)	4
	G2	**F**	Nominativ Sg. (a-/o-Dekl.)	
	G3	**F**	3. Person (a-/e-Konj./*esse*);	5
		S	Subjekt und Prädikat	
	G4	**F**	Nominativ Pl. (a-/o-Dekl.)	
2	**G1**	**F**	Vokativ (a-/o-Dekl.)	6
	G2	**F**	Imperativ (a-/e-Konj.)	
	G+	**S**	Die Apposition	
	G3	**F**	3. Person, Infinitiv, Imperativ (i-Konj.)	7
3	**G1**	**F**	1. und 2. Person (a-/e-/i-Konj.)	8
	G2	**F**	Akkusativ (a-/o-Dekl.);	9
		S	Akkusativ als Objekt	
4	**G1**	**F**	Konsonantische Konjugation	10
	G2	**F**	Konsonantische Konjugation mit i-Erweiterung	11
5	**G1**	**F**	Nom. und Akk. (kons. Dekl.)	12
	G2	**F**	*esse*; **S** *esse* als Voll- und Hilfsverb	13
6	**G1**	**F**	Dativ; **S** Dativ als Objekt	14
	G2	**F**	*posse*	15
7	**G1**	**F**	Genitiv; **S** Genitiv als Attribut	16
	G2	**F**	Der Basisteil in der kons. Deklination (Stamm)	17
8	**G1**	**F**	Ablativ; **S** Ablativ als Adverbiale	18
	G2	**S**	Funktionen des Ablativs: Mittel, Grund, Trennung	19
	G3	**F**	Neutra der kons. Deklination	
9	**G1**	**S**	Präpositionen mit Akkusativ und Ablativ	20
	G2	**S**	Präposition: *in* und *sub*	21
10	**G1**	**F**	Personalpronomen	22
	G2	**F/S**	Demonstrativpronomen *is, ea, id*	23
11	**G1**	**F**	Adjektiv (a-/o-Dekl.);	24
		S	Funktionen des Adjektivs: Attribut und Prädikatsnomen	
	G+	**F**	Adjektiv: Substantivierung	
	G2	**F**	Substantive und Adjektive auf -(e)r (o-Dekl.)	
12	**G1/G2**	**S**	Relativsätze; **F** Relativpronomen	26
	G+	**S**	Das substantivierte Neutrum Plural	27
13	**G1**	**F/S**	v- und u-Perfekt (a-/e-/i-Konj.)	28
	G2	**F**	v- und u-Perfekt (kons. Konj.), Perfekt von *esse* und *posse*	29
14	**G1**	**F**	*velle, nōlle* und *mālle* (Präsens)	30
	G2	**S**	Verneinter Imperativ mit *nōlī!/nōlīte!*;	
		F	*velle, nōlle* und *mālle* (Perfekt)	31
15	**G1/2**	**F**	Weitere Arten der Perfektbildung (Reduplikations-, s-, Dehnungs-, ohne Veränderung)	32
16	**G1**	**F**	Imperfekt (a-/e-/i-/kons. Konj.);	34
		S	Verwendung von Imperfekt und Perfekt	
	G2	**F**	*esse, posse, velle, nōlle* und *mālle* (Imperfekt)	35
17	**G1**	**S**	Accusativus cum Infinitivo	36
	G2	**S**	Dativ des Besitzers	37
18	**G1**	**F**	Infinitiv Perfekt;	38
		S	Zeitverhältnis im AcI: Vorzeitigkeit	
	G2	**S**	Akkusativ der zeitlichen Ausdehnung	39
19	**G1**	**F**	Adjektiv (kons. Dekl.)	40
	G2	**F**	Numeralia 1–12	41

20	G1	F/S	Possessivpronomen	42
	G2	F/S	Reflexives Personalpronomen der 3. Person	
	G3	S	Reflexivität im AcI	
21	G1/G2		*ire*	44
	G3	S	Genitiv der Zugehörigkeit	45
22	G1	F/S	Plusquamperfekt	46
	G2	S	Relativer Satzanschluss	
	G3	S	Ablativ der Zeit	47
23	G1	F/S	Futur I (i-/kons./Sonderkonj.)	48
	G2	F	Futur I (a-/e-Konj.)	
	G3	S	Fragesätze (Interrogativsätze)	49
24	G1	S	Adverbialsätze (kausal, konditional, konzessiv, temporal)	50
	G2	F/S	Futur II	50
25				52
Training für Schulaufgaben				54
Lösungs-Einleger				

kennzeichnet leichte Übungen

kennzeichnet mittelschwere Übungen

kennzeichnet knifflige Übungen

Salve!

In diesem Arbeitsheft findest du Tests, Texte und Übungen zu allen Lektionen von Adeamus! Ausgabe B, Schülerbuch 1. Das Arbeitsheft hilft dir, deine Lateinkenntnisse zu erproben und zu festigen.

Zu jeder Lektion gibt es zwei Arbeitsbereiche: *Übungen* und *Abschlusstest*. Im Bereich *Übungen* findest du z. B. Kreuzworträtsel, Lückentexte, Wortschlangen und Wortbilder. Diese und andere Übungsformen helfen dir, deine Wortschatz- und Formenkenntnis zu verbessern.
Durch Auswahl und Einsetzen der jeweils passenden Form kannst du lateinische Sätze vervollständigen.
So wirst du vertraut mit dem Aufbau lateinischer Sätze.
Die *Abschlusstests* zeigen dir, was du schon alles verstehst und übersetzen kannst.

Viel Erfolg beim Lateinlernen wünschen dir Herausgeber, Autoren und Verlag!

Übungen

W G1 **1. Übung macht den Meister!**

a. Nenne das dargestellte Wort aus dem Sachfeld *Familie* lateinisch und deutsch.

b. Ergänze die Lücken so, dass lateinische Wörter entstehen. Die deutschen Bedeutungen helfen dir. Beachte das Beispiel. Lies die lateinischen Wörter laut.

lat. Wort:	dt. Bedeutungen:
_u_b_i_?	wo?
n_n	nicht
_m_c_	die Freundin
h_c	hier
_t_m	auch; sogar
c_r?	warum?
_b_	dort
n_m	denn, nämlich

lat. Wort:	dt. Bedeutungen:
s_rv_	die Dienerin, die Sklavin
n_nc	nun, jetzt
_t	und; auch
d_m_n_s	der Herr; der Hausherr
s_d	aber, doch; sondern
_m_c_s	der Freund
_t_m	die Freizeit, die Ruhe, die Muße
n_g_t_m	die Aufgabe; das Geschäft

c. Ordne die Verben ihren deutschen Bedeutungen und der passenden Konjugation zu.

lat. Verb:		dt. Bedeutung:		Konjugation:
properare		arbeiten; leiden		a-Konjugation
est		sich freuen, froh sein		a-Konjugation
sedere		sitzen, dasitzen		a-Konjugation
clamare		müssen; schulden		e-Konjugation
laborare		eilen, sich beeilen		e-Konjugation
sunt		(laut) rufen, schreien		e-Konjugation
gaudere		er/sie/es ist; es gibt/findet statt		unregelmäßig
debere		sie sind; es gibt/findet statt		unregelmäßig

G2 **2. Sortiermaschine**

Unterstreiche bei den folgenden Substantiven zunächst die Endung. Trenne bei den folgenden Substantiven zunächst die Endung vom Stamm durch einen senkrechten Strich ab. Ordne die Wörter danach dem passenden Genus-Gefäß zu.

domina – familia – amicus – serva – negotium – amica – servus – otium – dominus

Neutrum ____________ ____________

Femininum ____________ ____________ ____________ ____________

Maskulinum ____________ ____________ ____________

G3 **3. Ende gut, alles gut!**

Wähle jeweils das passende Prädikat aus und übersetze.

Servus et serva (laborat / laborant). ____________

Terentia (gaudet / gaudent). ____________

Cicero dominus (est / sunt). ____________

Cicero et Terentia (sedet / sedent). ____________

Servae (laborat / laborant). ____________

G4 **4. Tauschgeschäft**

a. Betrachte die folgende Aufzählung lateinischer Wörter. Welches Wort passt nicht zu den anderen? Begründe.

familiae – amicus – dominae – otium – serva – negotia – ibi – amica – servi

____________ passt nicht in die Aufzählung, weil ____________.

b. Setze die übrigen Formen in den jeweils anderen Numerus und bestimme das Genus. Beachte hierzu das Beispiel zu *familiae*.

familia (f.) ____________

____

Abschlusstest

a. *Vertausche bei den Substantiven und Verben den Numerus.*

debet → ____________ negotium → ____________ servae → ____________ sunt → ____________

b. *Fülle mithilfe der neu gebildeten Formen aus Nr. a. die Lücken im folgenden Text inhaltlich und grammatisch passend. Übersetze den Text danach mündlich.*

Phila hat viel zu tun ...

Phila ____________ est, Terentia domina ____________.

Domina clamat: „Ubi Phila est? Laborare debet!“ Tiro: „Hic non est. In horto[1] laborat.“ Tum Tiro servam advocat.[2] Nunc Phila properat et gemit[3]: „Cur servi et servae semper[5] laborare ____________?

Hic sunt negotia, ibi sunt ____________ – ubi est otium?“

1 in horto im Garten
2 Tum Tiro servam advocat. Darauf ruft Tiro die Sklavin herbei.
3 gemit sie stöhnt/seufzt
4 semper immer

Übungen

W **1. Wort im Bild – das Wortbild!**

a. Nenne das lateinische Wort, das jeweils dargestellt ist; lies es laut.

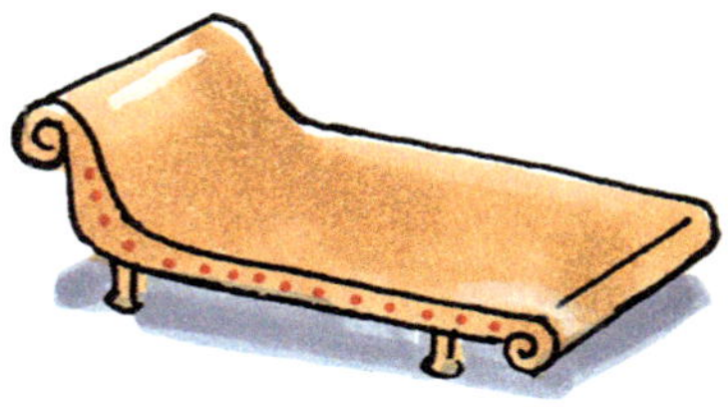

______________ ______________ ______________

b. Nenne zwei lateinische Verben, die inhaltlich mit zwei dieser Substantive zu tun haben:

lat.: ______________ dt: ______________ lat.: ______________ dt: ______________

W **2. Wortschlange**

Die Schlange hat alles gefressen. Ordne die Wörter, indem du Substantive rot, Verben grün und alle anderen Wörter gelb unterstreichst. Übersetze sie anschließend in deinem Heft.

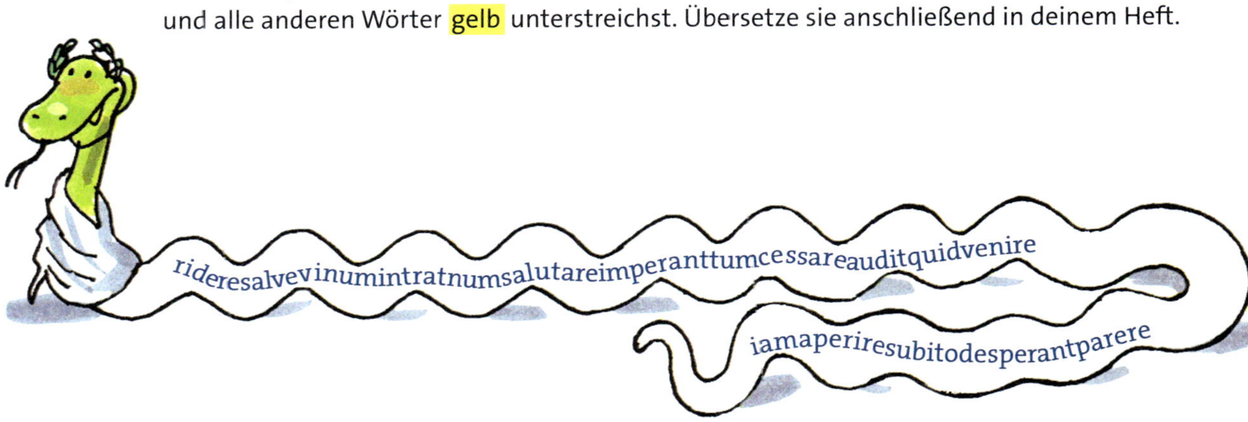

W **G1** **3. Ergänze richtig!**

a. Im Lateinischen gibt es einen Kasus für die Anrede, der ______________ heißt.

Dieses Wort ist abgeleitet von lat. ______________, dt.: ______________.

b. Wähle bei den folgenden Sätzen die richtige Anrede aus, indem du sie einkreist.

Terentia: „Salve, Marci – Marcus – Marce!" – Cicero: „Ubi est vinum, Scintilla – Scintillae?" –

Tiro: „Salvete, Tulli – Tullius et Phila – Philae!"

W **G2** **4. Mach mal Ordnung!**

Da ist aber etwas mächtig durcheinandergeraten! Bring die Buchstaben der Imperativformen wieder in die richtige Reihenfolge und übersetze sie anschließend (eine Bedeutung).

terepa! ______________ dt.: ______________

tavlese! ______________ dt.: ______________

amepri! ______________ dt.: ______________

____

G3 **5. Bauplatz Verb**

a. Setze alle Verbformen, die möglich sind, zusammen – getrennt nach Singular und Plural. Verwende dazu die nötigen Bestandteile der einzelnen Kästchen, manche müssen mehrfach benutzt werden. Übersetze dann:

salut rid aud dorm	e a i	u	t nt

Singularformen	Pluralformen
aud-i-t er, sie, es hört (an)	

b. Beschreibe, welche Besonderheit in der i-Konjugation bei der 3. P. Pl. zu beachten ist.

____

Abschlusstest

a. *Ordne alle Imperative aus dem Text ein. Ergänze jeweils die andere Form (Sg./Pl.).*

Singular	Plural

b. *In die Übersetzung haben sich zwei Numerus- und drei Vokabelfehler eingeschlichen. Vergleiche Übersetzung und Original, markiere die Fehler und verbessere.*

In Ciceros Haushalt geht es drunter und drüber, denn Terentia hat Freunde zum Essen eingeladen.
Terentia domina clamat: „Tiro, veni! Ubi Phila serva est?“ Cicero dominus imperat: „Tiro, intra et audi! Ubi Dionysius et Davus servi sunt? Cur non parent, cur non veniunt?“ Tiro vocat: „Salvete, Terentia et Marce Tulli! Phila serva et Davus servus iam laborant! Sed Dionysius dormit.“ Terentia: „Quid? Properate! Cibus et vinum et aqua in mensa[1] esse debet.“ Tum Tiro desperat.

1 in mensa auf dem Tisch

Die Freundin Terentia ruft laut: „Tiro, komm! Wo ist die Sklavin Phila?“ Der Herr Cicero grüßt: „Tiro, tritt ein und hört! Wo sind die Sklaven Dionysius und Davus? Warum folgen sie nicht, warum kommen sie nicht?“ Tiro ruft: „Grüßt euch, Terentia und Marcus Tullius! Die Sklavin Phila und der Sklave Davus arbeiten bereits! Aber Dionysius spielt.“ Terentia (meint): „Was? Beeil dich! Essen, Wein und Wasser müssen auf dem Tisch sein.“ Da verzweifelt Tiro.

Übungen

W 1. Da steckt Latein drin!

a. Gib zu den folgenden Fremdwörtern jeweils das lateinische Wort an, das in ihnen steckt, und nenne seine deutsche(n) Bedeutung(en).

Fremdwort	lateinisches Wort	deutsche Bedeutung(en)
der Egoist		
die Kur		
der Amateur		
spektakulär		
das Verb		

b. Ordne aus dem Wortspeicher jeweils die richtigen Wörter und Bedeutungen einander zu. Streiche die Wörter durch, die du zugeordnet hast.

> bene – tu – still sein, schweigen; verschweigen – aber, jedoch – tandem – puella – antworten – laudare – wer – semper – rogare – (ich) bitte – fabula – erzählen, berichten – lehren, beibringen, unterrichten – (er)mahnen, erinnern

enim	denn, nämlich		das Mädchen
	endlich, schließlich	quis?	
	du	quaeso	
tacere		autem	
	immer		die Geschichte, die Erzählung; das Theaterstück
docere		narrare	
	gut		fragen; bitten (um)
respondere		monere	
	loben		

G1 2. Wer tut was?

a. Ergänze jeweils den anderen Numerus und übersetze dann die von dir gebildete Form.

laudamus → ______________________ dt.: ______________________

sedes → ______________________ dt.: ______________________

dormiunt → ______________________ dt.: ______________________

Tipp: Die Personalendungen der Verben lassen sich sehr gut rappen! Schlage dir mit beiden Händen auf die Schenkel und sage dazu *„ost“* für die Endungen der 1. bis 3. Person im Singular, klatsche dann zu einem laut gesagten *„mus“* in die Hände, schnippe danach mit den Fingern der rechten Hand und sage dabei *„tis“* und zuletzt mit denen der linken und sage *„nt“*.

b. Tohuwabohu: Ordne die Subjekte den entsprechenden Prädikaten durch Pfeile zu und übersetze anschließend.

Puella et ego	venio.
Tu et amica	rident.
Domini	narramus.
Ego	laborat.
Servus	gaudetis.
Tu	audis.

G2 **3. Triff die Wahl!**

Wähle jeweils die Form aus, die einen inhaltlich sinnvollen und grammatikalisch richtigen Satz ergibt, indem du die falsche Form wegstreichst, und übersetze dann die von dir gebildeten Sätze.

(Dominus / Dominum) (servi / servos) laudat.

(Servae / Servas) (cibus / cibum) curant.

(Severus / Severum) (amici / amicos) (fabula / fabulam) docet.

Abschlusstest

Setze die richtigen Endungen ein und überprüfe sie anhand der Lösungen. Übersetze dann den Text. Achte auf die Wortstellung im Deutschen.

Unterricht bei Severus

Severus Ruf___ et Quint___ mon___: „Tandem ven___! Hic esse deb___!“ Tum Rufus: „Magister, Quint___ et ego iam intr___ et …“ Severus: „Tacere deb___, Rufe! Et tu, Quinte, responde! Quid est PHILOSOPHOS?“ Sed Quint___ tac___. Tum Scintill___: „Ego respond___: PHILOSOPHOS est amic___ sapientiae[1].“ Magister Scintill___ laudat: „Bene! Gaud___!“

1 sapientia f. die Weisheit

Übungen

W 1. *Series imaginum Latina* **– ein lateinischer Comicstrip**

a. Weise die Wörter aus dem Wortspeicher den passenden Stellen im Comic zu, indem du sie in die entsprechenden Kästchen schreibst. Streiche die Wörter durch, die du zugeordnet hast. Gib jeweils mündlich die deutsche Bedeutung an. Achtung: Es gibt mehr Wörter als Kästchen!

templum – si – iterum – vendere – certe – tres – sacrum – facere – ignorare – emere – sex – incendere – novem – cupere – ara

b. Die verbliebenen Wörter aus dem Wortspeicher ergeben untereinander geschrieben als Lösungswort jemanden, den du jetzt schon recht gut kennst.

Lösungswort: ____________________

W 2. Silbensalat

Setze die Silben sinnvoll zusammen und ordne die lateinischen Wörter dann den deutschen zu.

us – ha – de – me – de – ti – a – be – le – re – mil – re

die Göttin ____________________ haben, halten ____________________

fürchten, sich fürchten; Angst haben ____________________

der Gott ____________________ tausend ____________________

W G1 **3. Formenlauf**

Bilde die in Klammern verlangte Form und übersetze sie. Ausgangspunkt ist die jeweils zuvor gebildete Form, d. h. Person und Numerus bleiben gleich, wenn nichts anderes angegeben ist.

dico → dicimus wir sprechen (Pl.) → ______ (3. P.)

→ ______ (Sg.)

colimus → ______ (Sg.)

→ ______ (2. P.)

→ ______ (Pl.)

poscunt → ______ (Sg.)

→ ______ (1. P.)

→ ______ (Pl.)

G2 **4. Formenvielfalt**

a. Gib die fehlenden Formen in der Tabelle an.

Infinitiv	1. P. Sg.	3. P. Pl.
emere		
	cupio	

b. Vergleiche alle von dir gebildeten Formen. Wo finden sich Unterschiede?
Formuliere einen Merksatz zu den Unterschieden.

______

______

______

Abschlusstest

Markiere alle Verben der konsonantischen Konjugation und übersetze den Text.

Ein Opfer für die Familie

Ibi arae sunt, ubi Romani deos et deas colunt. Hic sacra facere cupiunt. Etiam familia Ciceronis[1] deos timet, itaque[2] sacrum emit. Cicero templum non ignorat, ibi dicit: „O Iuppiter, cura Terentiam, Marcum, Tulliam, Quintum!“ Tum sacrum incendit.

1 Ciceronis Ciceros (Genitiv)
2 itaque deshalb

______

______

______

______

______

Übungen

W 1. Da steckt Latein drin!

a. Du bist mit deinen Eltern im Italienurlaub und siehst beim Schlendern durch die Gassen eures Urlaubsortes folgende Plakate. Unterstreiche alle Wörter, die du mit deinen Lateinkenntnissen verstehst. Gib dann an, welche Informationen dir und deinen Eltern hier gegeben werden.

1 per favore
bitte

b. Versteckspiel: Im Gitterrätsel sind senkrecht und waagrecht 14 Lernvokabeln versteckt. Kreise sie ein, lies sie laut und gib ihre deutsche Bedeutung an.

L	D	G	B	H	C	S	U	R	T	S	R	A	D	E	M	X
M	V	I	T	A	M	W	V	E	R	J	T	D	F	U	E	X
F	J	L	D	T	R	F	M	O	S	U	B	E	V	C	W	Q
M	C	M	R	Q	V	I	D	E	R	E	F	S	K	L	H	U
H	D	R	Y	Y	A	X	W	T	X	C	X	S	D	A	Q	H
G	A	N	I	N	C	I	P	E	R	E	K	E	S	M	I	J
K	B	U	N	E	P	Y	D	H	L	X	N	E	G	O	J	K
C	E	S	F	R	E	T	W	S	O	L	W	N	N	R	H	R
E	S	C	W	I	R	E	T	I	N	E	R	E	Y	A	W	O
I	S	H	X	N	R	M	F	E	F	E	T	V	V	Q	H	M
W	E	S	F	H	K	T	H	Z	Z	F	K	E	I	T	S	A
P	B	K	V	F	I	L	I	U	S	K	F	S	P	U	J	N
L	N	E	T	Z	U	B	B	U	Q	Q	U	S	M	R	O	U
U	R	D	T	N	L	I	B	E	R	I	D	E	P	B	W	S
D	U	K	R	U	X	Q	D	S	A	D	O	X	O	A	J	K
U	M	L	Z	S	E	F	F	U	G	E	R	E	G	Z	Y	M
S	J	N	L	Q	L	B	L	P	M	E	R	C	A	T	O	R

waagr.:

senkr.:

W G1 2. „Neue" Substantive

a. Wähle passende Substantivformen aus und übersetze dann.

_______________ (Fur/Furem/Fures) semper effugere cupit.

Puellae _______________ (amor/amorem/amores) laudant.

Romani _______________ (dolor/dolorem/dolores) non timent.

Tipp: Du kannst dir sehr viel Mühe beim Wörterlernen sparen, wenn du ein paar lateinische Wortbildungsregeln kennst. So bezeichnet das Suffix (= Nachsilbe) *-tor* im Lateinischen stets jemanden, der etwas tut. Die Endung für einen weiblichen Täter lautet *-trix*.

b. Mit dem obigen Tipp kannst du folgende Substantive benennen:

Derjenige, der im Senat (***senatus***) den Sitzungen beiwohnt, heißt auf Latein ____________________,

derjenige, der mit dem Schwert (***gladius***) kämpft, heißt auf Latein ____________________ und

der, der Waren (***merces***) verkauft, wird als ____________________ bezeichnet.

●●● G2 **3.** **Sein oder nicht sein? Das ist hier die Frage!**

Übersetze folgende Sätzchen ins Lateinische.

Es gibt Götter, aber wir sehen sie (= *eos*) nicht. ____________________

Terentia, Scintilla, wo seid ihr? ____________________

Du bist nicht mehr da. ____________________

Abschlusstest

a. *Ordne aus dem unten stehenden Text alle Substantivformen der konsonantischen Deklination in die Tabelle ein. Ergänze dann die restlichen Formen.*

Nom. Sg.	Nom. Pl.	Akk. Sg.	Akk. Pl.

b. *Übersetze den Text. Beachte die Übersetzung von esse als Voll-/Hilfsverb.*

Heute ist ein großer Tag

Familie Cicero geht ins Theater. Doch dann geschieht Unerwartetes ...

Ante theatrum[1] mercator sedet et cibos vendit. Subito autem turba clamat. Senatores vocant: „Videte! Hic tres fures sunt!“ Cicero: „Semper et ubique[2] fures sunt ...“ Tum clamat: „Portas claudite! Sic[3] fures retinemus.“ Forte[4] gladiatores adsunt, portas claudunt. Sed fures iam absunt.

1 ante theatrum (+ Akk.) vor dem Theater
2 ubique überall
3 sic so
4 forte zufällig

____

____

____

____

____

____

____

Übungen

W 1. Buchstabensalat

In Ciceros Rede sind Buchstaben durcheinander geraten. Setze sie wieder zu lateinischen Wörtern zusammen und lies sie laut. Gib auch die deutschen Bedeutungen an.

tertime	ratoro	pilecexar	mamfla	olsuc	rocerucer
mittere					
schicken					
loslassen, laufen lassen					
werfen					

rade	irseteres	regea	purne	timtas	pextacsere	numdon

romfu	perporipaquan	hucda	sespo	lirenerque	fegeru

G1 2. Ein heißer Sommertag auf dem Forum – Wem gibt der Sklave Wasser?

a. Unterstreiche nur Substantive im Dativ:

dominae – rogatis – furem – senatori – subito – filio – colis – gladiatores – ego – mercatoribus – bestiam – quaeso – puellis – ludi – liberos – moneo – amicum – me

b. Notiere den jeweils anderen Numerus der Dativformen aus G1 2a. und übersetze:

Servus [dominis ___ / ___ / ___ / ___ / ___] aquam dat.

Der Sklave gibt ______________________________

____

____

______________________________ Wasser.

G2 **3. Was Ferien alles können – Lucius plant die freie Zeit**

a. Notiere in den Kästchen die Formen von *posse*, die den Verbformen rechts entsprechen.
b. Verbinde dann die Sätze links mit einer jeweils passenden Form von *posse*.
c. Übersetze mündlich.

Severus imperare non iam ... Severus kann nicht mehr befehlen.		←	retinetis
Liberi otio se[1] dare ...		←	agimus
Ego dormire ...		←	exspectas
Amici, tandem venire ... !	potest	←	explicat
Tu, Scintilla, puellas invitare[2] ...		←	fugio
Et nos[3] ludos spectare ... "		←	resistunt

Abschlusstest

Streiche bei a. jeweils die falsche deutsche Übersetzung durch. Erkläre bei b. in Stichworten deine Entscheidung. Vergleiche dazu das Beispiel bei Satz 1.

Richtig oder falsch?

1 apportare bringen

Satz 1: Marcus et Quintus verbis Terentiae parere et amico familiae cibos apportare[1] properant.

a. *Marcus und Quintus beeilen sich ~~dem Wort~~/den Worten der Terentia zu gehorchen und der Familie des Freundes/dem Freund der Familie/den Freunden der Familie Speisen zu bringen.*

b. *verbis: Dativ Plural von verbum: den Worten;* ______________________

____

____

____

2 ardet er, sie, es brennt

Satz 2: Sed senator liberis occurrit et clamat: „Curia ardet[2]! Foro appropinquare non potestis. Adhuc effugere possumus."

a. *Aber die Kinder begegnen einem Senator .../ein Senator begegnet den Kindern und er ruft: „Die Kurie brennt. Wir können uns/Ich kann mich/Ihr könnt euch dem Forum nicht nähern. Noch können wir flüchten."*

b. ______________________

____

____

Übungen

W 1. Ordne richtig zu!

signumsedeniquenspeterelherincendiumsaconvincerexopraemiumrespfrustraauctortresollicita

refecrederelovoximcomprehenderexpforteiservarebostabernabintellegereifervixuschonorstuderep

	vergeblich, umsonst		glauben; vertrauen
signum	das Zeichen; das Feldzeichen		(er)bitten; verlangen, haben wollen, streben nach, erreichen wollen; aufsuchen; angreifen
	sich bemühen, (tun) wollen; sich (wissenschaftlich) beschäftigen mit, studieren		die Ehre; das Ehrenamt
	retten (vor); bewahren, beschützen		zufällig
	die Belohnung, der Lohn; der Preis		ergreifen, festnehmen; erfassen
	siegen, besiegen		schließlich
	der Laden; das Wirtshaus		der Urheber, der Gründer, der Schriftsteller
	erkennen, verstehen, einsehen		die Stimme; das Wort
	kaum, nur mit Mühe		der Brand, das Feuer
	überführen		beunruhigen, erregen

G1 2. Stolze Pferdebesitzer

a. Finde mithilfe der Wortschnipsel die lateinischen Bezeichnungen der abgebildeten Personen. Trage sie in die Tabelle ein und setze sie in den Genitiv Singular und Plural.

~~mi~~ – ul – mer – ad – tor – ~~nus~~ – pu – nex – ~~do~~ – el – cens – se – es – la – ca

Nom. Sg.	1  dominus	2 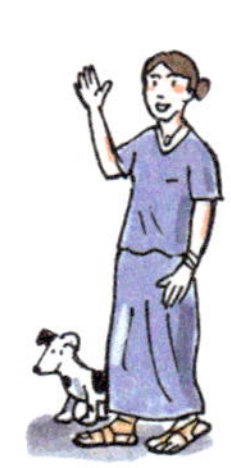	3 	4 	5 
Gen. Sg.	domini				
Gen. Pl.	dominorum				

b. Füge die Genitivformen der grauen Kästchen aus G1 2a. in folgendem Satz ein. Übersetze.

Servus equos domini, ____, ____, ____, ____ curat.

Der Sklave kümmert sich um die Pferde des Hausherrn, ____, ____, ____, ____.

G2 **3. Stämme, Stämme, Stämme**

Markiere bei Substantiven der kons. Deklination den Basisteil (Stamm) farbig. Überprüfe, ob er mit dem Nominativ Singular identisch ist. Ordne Nominativ + dt. Bedeutung richtig ein.

clamorem – peto – senes – adulescentibus – estis – auctori – loci – vocis – aras – fures

Nominativ Singular = Wortstamm	
clamor	der Schrei; das Geschrei; der Lärm

Nominativ Singular ≠ Wortstamm	

Abschlusstest

a. *Bilde von den Substantiven in Klammern die passenden Genitivformen; setze sie in die Lücken ein. Behalte den Numerus jeweils bei. Überprüfe dein Ergebnis anhand der Lösungen.*

b. *Übersetze dann den Text.*

Ein spannendes Wagenrennen

Familia ____ (senator) Circum Maximum petit. Praemium ____ (liberi) est, nam semper magistro[1] parent et negotiis student. Nunc clamor ____ (turba) equos sollicitat. Subito equi ____ (Fortunatus) fugiunt. Statim clamat: „Me servate!“ Tandem servi equos ____ (adulescens) comprehendere possunt. Quis vincit? Eutychus! Tum familia vocem ____ (amicus) audit: „Venite mecum[2]! Cenare cupio.“ Denique tabernam intrant.

1 magister, magistri m. der Lehrer

2 mecum mit mir

Übungen

W **1. Kreuz und quer ...**

... wie Gladiatoren beim Kampf über den Arenaboden laufen, haben sich im Gitternetz die lateinischen Wörter verteilt. Finde sie, lies sie laut und ordne sie ihrer deutschen Bedeutung zu (5 × ↓; 11 × →; 1 × ↗; 1 × ↘).

E	P	A	L	D	E	C	E	D	E	R	E	A
S	O	L	U	M	F	A	L	I	C	E	T	F
D	P	M	E	X	E	R	C	E	R	E	N	F
O	U	Q	U	A	L	E	B	A	R	M	A	I
M	L	U	B	F	E	R	R	U	M	S	L	C
U	U	O	S	E	R	E	C	R	E	A	R	E
M	S	Q	L	A	B	O	R	N	A	F	O	R
G	A	U	D	I	U	M	U	N	D	R	A	E
S	T	E	L	C	I	S	U	M	E	D	O	L

	sich *(Akk.)*
	erholen
	heim, nach Hause
	weggehen; sterben
	nur
	auch
	das Volk
	das Eisen; die Waffe, das Schwert
	befreien (von)

	entbehren, nicht haben; frei sein (von)
	selten
	die Waffen
	versehen (mit)
	üben, trainieren
	die Arbeit, die Mühe
	die Freude
	es ist möglich (zu tun); es ist erlaubt (zu tun)

G1 **2. Ein ganz besonderer Fall**

Unterstreiche nur die Substantive, deren Endung einen Ablativ bilden kann. Notiere den jeweils anderen Numerus über diesen Wörtern. Übersetze die so von dir gebildeten Ablative.

corpore

corporibus – claudo – supplicio – gladiis – forte – clamoris – vulnere – subito – fabula

Mit dem Körper, ______________________________

G2 3. Ein Fall für den Gladiator

Übersetze die Sätze. Bestimme, welche Funktion der Ablativ jeweils hat. Kreise dazu die Ziffern ein: Ablativ des Mittels blau, Ablativ des Grundes grün, Ablativ der Trennung gelb.

Gladiator armis	resistit.	Der Gladiator	______ 1
	caret.		______ 2
	vincit.		______ 3
	gaudet.		______ 4

G3 4. Diese Lücken haben es in sich.

Setze jeweils diejenigen Formen von *corpus* bzw. *vulnus* ein, die entsprechend der Deklinationstabelle zwischen den angegebenen Kasus fehlen.

Beispiel: vulnera (Nom. Pl.) ______ vulnerum (Gen. Pl.) ______ vulneribus (Dat. Pl.)

corpori ______ corpore vulnus ______ vulneri

corporum ______ corpora vulneribus ______ vulneribus

Abschlusstest

a. *Setze in den jeweils anderen Numerus.*

Abl. Sg.		signo		fabula	
Abl. Pl.	honoribus		gladiis		vulneribus

b. *Zwei der in Aufgabe a von dir gebildeten Ablative passen inhaltlich und grammatikalisch in die Lücken des Textes. Füge sie ein und übersetze den Text.*

Der Traum

Dum[1] Severus liberos docet, Rufus sedet et oscitat[2] et ... dormit ... et – gladiator est! Arenam[3] intrat. Turba adulescentem clamore salutat. Rufus ridet: „Populus me gaudio et ______ afficit. Puellas amore incendo." Subito Cicatricosus appropinquat. Rufum videt et desperat: „Rufus semper armis vincit. Nam ______ se exercet. Itaque[4] timeo et domum effugere cupio." Tum Severus vocat: „O Rufe, ... non licet otio se dare!" Rufus vocem Severi audit. „Nunc negotia cura! Nunc verba audi et responde!"

1 dum während
2 oscitare gähnen
3 arena, -ae f Arena, Kampfplatz
4 itaque deshalb

Übungen

W 1. Buchstabenfutter

Füge die fehlenden Buchstaben ein. Die deutschen Bedeutungen oder Hinweise helfen dir.

s _ r _ o	das Gespräch; die Sprache
_ c _ _ u _	das Auge
_ b d _ _ e	verstecken, verbergen
m _ t _ _ _	ändern, wechseln, verwandeln
_ t a _ _	stehen, da stehen
_ i _ _ s	die Gasse; das Dorf
_ i _ o _	die Angst, die Furcht
_ l _ b _	das (einfache) Volk

_ _ b i _ a _ e	wohnen, bewohnen
c _ _ r e _ _	laufen, rennen
a _ _ t _ _ r _	verlieren
v _ _ t _ _	das Kleid, die Kleidung
_ _ c _ _ i _	das Geld
_ u _ i _ _	Untergewand der Römerin und des Römers
_ o _ _	Obergewand eines römischen Bürger
_ _ n _ _ l	hoher römischer Beamter

W G1 2. Mäuseplage bei Tullia

a. Tullias Maus hat viele Freunde. Finde sie. Unterstreiche dazu in der Wortschlange alle Präpositionen und ordne sie ihrer deutschen Bedeutung zu (zwei Präpositionen kommen doppelt vor!). Markiere alle Präpositionen mit Akkusativ grau, alle mit Ablativ rot.

adetiamsubetsineiamnumcumtupereniminbenedestatimpostnonexdumsuntsuperforte

ad	zu (... hin); bei, an; nach		ohne		über		nach; hinter
	aus, aus ... heraus; von ... her; seit		(zusammen) mit		durch (... hin-durch), über		in, an, auf, bei (*wo?*)
	in (... hinein); auf; nach (... hin); gegen (*wohin?*)		unter (*wohin?*)		von ... herab; von, über; um/wegen		unter (*wo?*)

b Benenne nun im Bild mit zwei geeigneten Präpositionen aus Aufgabe WG1 2a jeweils die Bewegung der abgebildeten Maus. Übersetze den Ausdruck.

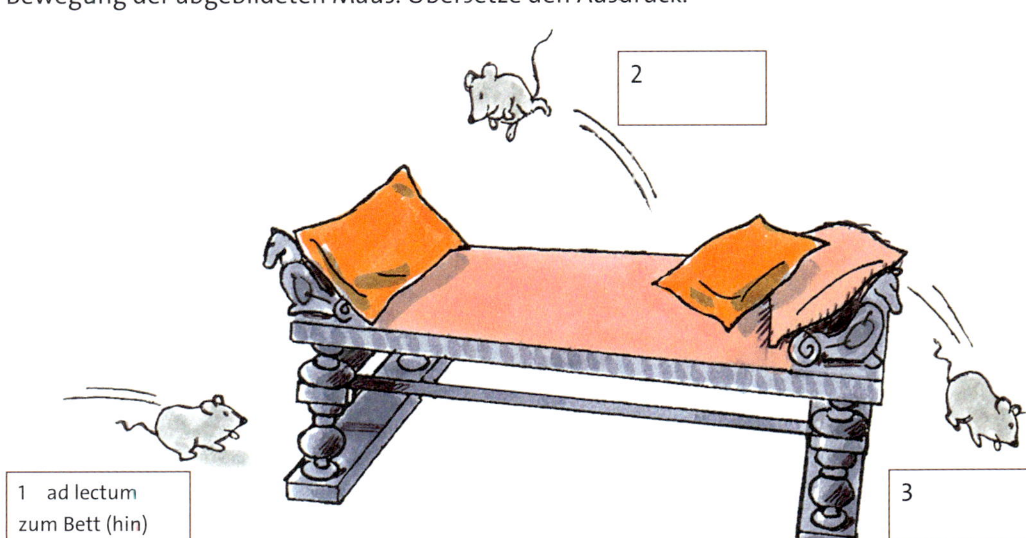

G2 **3. Mäuse überall!**

a. Fülle folgende Lücken mit dem lateinischen Wort *lectus*. Verwende nach *in* und *sub* den Kasus, den der Satz und die jeweilige Präposition an dieser Stelle verlangen.

1 mus, muris m./f. die Maus

Mus[1] in ______________ currit. ______________

Mus[1] in ______________ est. ______________

Mus[1] sub ______________ currit. ______________

Mus[1] sub ______________ est. ______________

b. Zeichne die beiden Mäuse der letzten zwei Sätze aus Aufgabe G2 3a in das Bild von Tullias Bett ein.

Abschlusstest

a. *Unterstreiche alle Präpositionen. Verwende dabei für Präpositionen mit Akkusativ* ***grau****, für Präpositionen mit Ablativ* ***rot*** *(unterstreiche mit beiden Farben, wenn beide Kasus möglich sind).*

hic – cum – raro – de – per – nam – in – tum – super – ex – vix – ad – sub – cur – post – sine

b. *Füge in die Lücken des folgenden Textes diejenigen Präpositionen aus Aufgabe a ein, die an den entsprechenden Stellen inhaltlich und grammatikalisch sinnvoll sind. Beachte, dass Präpositionen mehrfach verwendet werden können.*

c. *Übersetze den Text.*

De bestia

Priscus gladiator ______________ tabernam habitat. ______________ labores ludi domum venit et cubiculum[2] intrat. Subito clamat. Nunc post lectum, nunc sub lecto se abdit. Denique ______________ cubiculo[2] ______________ vicum fugit et plebem sollicitat: „Me servate! Bestia per cubiculum[2] currit!“ E timore se non recreat. Adulescentes forte appropinquant. Ad portam cubiculi[2] stant et oculos in lectum gladiatoris vertunt[3]. Tum rident, nam ibi mus[1] sedet.

2 cubiculum, -i n. das Schlafzimmer

3 vertere wenden

Übungen

W **1. Wortschlange**

Die Schlange hat alle Vokabeln von Lektion 10 gefressen. Trenne die lateinischen Wörter voneinander ab, lies sie laut und ordne sie den deutschen Bedeutungen zu.

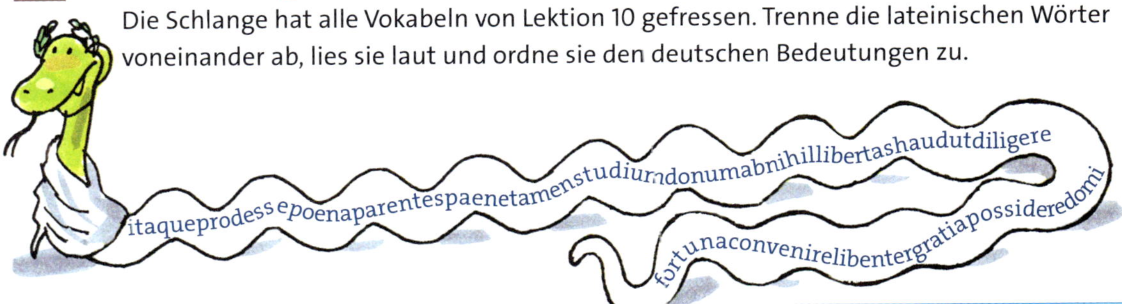

lateinisches Wort	deutsche Bedeutung(en)
	die Eltern
	daher, deshalb
	das Geschenk
	die Freiheit
	das Schicksal; das Glück
	der Dank; die Anmut
	lieben, (sehr) schätzen
	gern
	beinahe, fast
	besitzen
	passen; zusammenkommen; treffen
	daheim, zu Hause
	wie
	nichts
	dennoch, jedoch
	nicht
	von, von...her, von...weg
	die Strafe
	die Bemühung, das Streben; die (wissenschaftliche) Beschäftigung
	nützen

G1 **W** **2. Pronomensuche**

Wähle alle Personalpronomina – auch die mit Präposition – aus, ordne sie in die Tabelle ein und gib die deutsche Bedeutung an.

a me – vix – haud – nos – itaque – tu – vos – ubi – me – nos – paene – te – vos – post – mihi – nobis – a vobis – tibi – vobis – raro – mecum – a te – iam – a nobis – ab – tecum – nihil – vobiscum – tamen – nobiscum

	1. P. Sg.		1. P. Pl.		2. P. Sg.		2. P. Pl.	
Nominativ	ego	ich						
Dativ								
Akkusativ								
Ablativ								

G2 W **3.** **Einsetzmeister**

a. Bilde folgende Formen von *is, ea, id*:

Dat. Pl. m. ______ Dat. Sg. m. ______ Gen. Sg. m. ______

Akk. Pl. m. ______ Akk. Sg. f. ______ Dat. Pl. m. ______

b. Setze die Formen aus G2 3a. passend in den Text ein und übersetze mündlich.

Phila non laborat. Itaque Terentia ______ monet.

Nunc amici adsunt. Cicero ______ salutat.

Cicero cum amicis sermonem habet et ______ de Tirone narrat.

Cicero Tironem laudat et ______ libertatem dat.

Marcus et ______ parentes gaudent. Tiro ______ gratias agit.

Abschlusstest

a. *Unterstreiche im Text alle Formen des Personalpronomens und des Pronomens is, ea, id.*

b. *Übersetze den Text; gib an, ob is, ea, id Demonstrativ- oder Personalpronomen ist.*

Tiro unterhält sich mit Cicero

Tiro kann seine bevorstehende Freilassung noch gar nicht fassen und ist dankbar. Gleichzeitig denkt er an das Schicksal anderer Sklaven ...

„Multi[1] servi semper laborare debent. Ii servi se recreare non possunt. Semper tacere debent. Dominus eos saepe[2] monet. Dominus imperat, servi parent. Servae dominae parere debent. Si non parent, dominae licet eas poena afficere. Ego quoque servus sum. Tu non dominus, sed amicus es, Cicero. Ego tibi non solum in orationibus[3], sed etiam in studiis libenter adsum. Tu mihi semper ades et otium das. Ego semper sermonem tecum habere possum. Itaque te diligo et gratias tibi ago."

1 multi, -ae, -a viele
2 saepe oft
3 oratio, -onis f die Rede

Übungen

W **1. Gitterrätsel**

Finde darin 19 Vokabeln dieser Lektion und gib ihre deutsche(n) Bedeutung(en) an.

D	E	S	I	N	E	R	E	T	C	R	M
E	P	U	E	R	B	C	M	M	O	S	U
P	U	M	A	L	U	S	R	A	G	M	L
O	L	E	H	O	D	I	E	G	N	E	T
N	C	R	M	I	S	E	R	N	O	M	I
E	H	E	F	P	A	R	V	U	S	O	A
R	E	U	C	U	S	T	O	S	C	R	V
E	R	T	E	M	P	U	S	O	E	I	I
M	A	G	I	S	T	E	R	E	R	A	R
P	E	R	I	C	U	L	U	M	E	M	B
B	O	N	U	S	C	I	A	C	E	R	E

W **G1** **2. Kombinationsmeister**

a. Ordne den Substantiven in W/G1 2 b passende Adjektive zu. Übersetze die Wortpaare mündlich ins Deutsche.

bonarum – bonas – malos – parvi – magno – boni – malorum – bonam – bonis – magnae – malum – multas

b. Identifiziere die Substantive, bei denen mehrere Lösungen möglich sind.

puellas ____________ amicarum ____________

amici ____________ periculo ____________

mercatorem ____________ senatores ____________

parentium ____________ cum custodibus ____________

curiae ____________ memoriam ____________

oratoris ____________ vestes ____________

Mehrere Lösungen sind möglich bei: ____________

W **G2** **3. Bilde neue Sätze**

a. Ersetze *Cratinus* durch *vir*, *Quintus* und *Marcus* durch *puer* und *Severus* durch *magister*.

In thermis[1] Marcus et Quintus togas deponunt. ____________

Marcus Severum videt. ____________

Severus liberos monet, sed Severo non parent. ____________

Marcus et Quintus Cratinum cognoscunt.

Adulescentes cum Cratino sermonem habent.

Subito Cratinus e thermis[1] properat.

Amici Marci et Quinti in periculo sunt.

b. Ergänze die Substantiv-Formen togas, liberos und amici durch passende Formen der Adjektive pulcher, pulchra, pulchrum und miser, misera, miserum.

Abschlusstest

a. *Unterstreiche alle Adjektive und ihre Bezugswörter. Erkläre ihre Funktion.*
b. *Übersetze den Text.*

In den Thermen

Während Marcus und Quintus Cratinus in die Thermen gefolgt sind, suchen Rufus und Scintilla Cratinus' Haus auf. Scintilla denkt an ihre beiden Freunde in den Thermen ...

Marcus et Quintus in thermis[1] sunt. Thermae[1] magnae sunt. Ibi multi homines[2] se recreant, pueri parvi et puellae parvae magna voce clamant, adulescentes pulchri in palaestra[3] se exercent, custodes fures malos comprehendunt, magister pueros miseros docet. Ibi Cratinus quoque est. Ibi amici magno in periculo sunt.

1 thermae, -arum f Pl. die Thermen, öffentlichen Badeanlagen
2 homo, hominis m der Mensch
3 palaestra, -ae f der Sportplatz

Übungen

W **1. a. Vokalfresser**

Ergänze die Vokale. Die deutschen Bedeutungen helfen dir. Beachte das Beispiel.

lat. Wort:	dt. Bedeutungen:
arcessere	herbeirufen, holen, holen lassen
__t	so
qu__ __r__r	suchen; (jdn.) fragen
m__l__ __r	die (erwachsene) Frau
p__gn__r__	kämpfen
v__nc__l__m	die Fessel
m__d__s	die Art, die Weise; das Maß

lat. Wort:	dt. Bedeutungen:
sc__r	wissen, kennen
b__b__r	trinken
m__r__t__s	der Ehemann, der Gatte
c__p__	die Menge, der Vorrat; *Pl.* die Truppen
p__r__r__	bereiten; vorbereiten; erwerben; *(m. Inf.)* vorhaben (zu tun)
d__sc__nd__r__	herabsteigen, hinabsteigen
__nv__n__r	finden, auffinden; erfinden

b. Ergänze die Sätze mit den inhaltlich passenden Wörtern aus dem Wortspeicher:

scelus – saepe – mira

Populus arma ______________________ gladiatorum spectat.

Fur ______________________ parat.

Pueri verba magistri ______________________ intellegunt.

W **G1** **2. Ein Gladiator, den die Frauen lieben …?**

a. Markiere das Bezugswort der Relativpronomina farbig.

b. Bestimme Kasus, Numerus und Genus der Relativpronomina.

c. Übersetze die Sätze.

Nunc Cratinus, cuius habitatio[1] in Subura est, in tabernam descendit.

KNG: ______________________

Übersetzung: ______________________

____

Taberna, quam Cratinus petit, parva est.

KNG: ____________ Übersetzung: ______________________

____

1 habitatio, -onis f die Wohnung

2 bibere, bibo trinken

Puellae tabernam, in qua Cratinus saepe bibit[2], petunt.

KNG: ____________________

Übersetzung: ____________________

____

Donum, quod puellae Cratino dant, pulchrum est.

KNG: __________ Übersetzung: ____________________

____

2 bibere, bibo trinken

Gladiator, cui puellae donum dant, saepe in taberna bibit[2].

KNG: ____________________

Übersetzung: ____________________

____

G2 **3. Begegnung mit Fannia.**

Setze die Relativpronomina aus dem Wortvorrat richtig ein und übersetze den Text mündlich.

quibus – quos – quorum – quae – quibus

Fannia liberos, __________ videt, ignorat. Ex liberis quaerit: „Num Cratinum quaeritis? Saepe in tabernis, in __________ amicos convenit, est.“ Liberi, __________ amici non adsunt, ei respondent. Liberi, __________ Fannia occurrit, habitationem[1] Cratini intrare cupiunt. Sed Fannia de Cratino narrare non desinit. Ita mulieres sunt, __________ Cratinum amant.

Abschlusstest

Übersetze den Text.

Auf der Suche

Marcus und Quintus verlassen die Thermen, um die Freunde zu suchen …

3 thermae, arum f (Pl) die Thermen, öffentlichen Badeanlagen

Marcus et Quintus e thermis[3] magnis properant et amicos, qui in Subura sunt, quaerunt. Nam habitatio[1] Cratini, quem non amant, in Subura est. Sed amicos, quos quaerunt, invenire non possunt. Marcus: „Habitationem[1] Cratini, qui vir malus est, invenire debemus … .“

____

____

____

____

____

____

____

Übungen

W 1. Da steckt Latein drin

a. Gib zu den folgenden Fremdwörtern/fremdsprachlichen Wörtern jeweils das lateinische Wort an, das in ihnen steckt, und nenne die deutsche(n) Bedeutung(en).

Fremdwort	lat. Wort	dt. Bedeutung(en)
Zum Glück konnte die Person nach dem Unfall von den Rettungskräften reanimiert werden.		
uno		
das Indiz		
padre		
komponieren		
urban		

b. Ordne aus dem Wortspeicher jeweils die richtigen Wörter und Bedeutungen einander zu. Streiche alle Wörter durch, die du zugeordnet hast.

accedere – lange (Zeit) – sceleratus – clarus – als – pergere – mehr – oratio – vernichten, umbringen; verderben; verlieren – der Weg, die Straße – ergo

reprehendere	tadeln, kritisieren		herbeikommen, herantreten, sich nähern
diu			verbrecherisch, frevelhaft; *Subst.* der Verbrecher
	berühmt, klar		fortsetzen (zu tun); weitermachen; aufbrechen
magis		perdere	
	also, folglich		die Rede
via			
quam (*bei Vergleichen*)			

G1 2. Perfekt und einfach!

tacui, docuistis, properas, monuerunt, narrant, servavisti, audivimus, laudas, scivit

a. Unterstreiche alle Perfektformen im Wortvorrat.
b. Ordne die Formen entsprechend ihrer Art der Perfektbildung in die Tabelle ein.

v-Perfekt	u-Perfekt

c. Bestimme die Perfektformen hinsichtlich Person und Numerus und übersetze sie.

G2 **3. Vom Präsens zum Perfekt!**

laudo, paras, colo, petimus, cupit, adest, possunt, audiunt, monetis

a. Nenne jeweils die Konjugation der Verben. Beispiel: laudo: a-Konjugation.

b. Bilde das Perfekt der Verben und ordne die Formen entsprechend ihrer Art der Perfektbildung in die Tabelle ein.

v-Perfekt	u-Perfekt	unregelmäßig

Abschlusstest

Ciceros Sorgen

Cicero: „Liberos reprehendo. Ii Cratinum quaerere in animo habuerunt. Clam[1] Suburam petiverunt et habitationem[2] Cratini intraverunt. Magno in periculo fuerunt.“

Tiro: „Gratias eis agere debes. Diu sceleratos, qui Romam perdere cupiunt, convincere non potuisti. Sed liberi indicia invenire potuerunt. Nunc orationem componere possumus et Romanis adesse pergimus.“

1 clam heimlich
2 habitatio, -onis f die Wohnung

Übungen

W 1. Substantiv, Verb etc.

Ordne die Wörter den Wortarten zu und übersetze die Wörter mündlich. Gib alle Bedeutungen an.

Subjunktion (1)	Adjektiv (1)	Substantiv (8)	Verb (8)
Adverb (2)	**Interjektion/ Ausrufewort (1)**		

fames – ecce – quia – hospes – mater – saevus – nolle – frater – cena – malle – tam – instituere – quondam – ira – placere – pax – velle – parcere – coniunx – sustinere

G1 2. Wünsche bei der Hochzeit

Mache die Sätze abhängig von *velle* und *nolle* und übersetze die neuen Sätze.

Beispiel: Liberi currunt. → (velle) Liberi currere volunt.

Puella accedit. → (velle) ____

Etiam tu venis. → (velle) ____

Servus dominum arcessit. → (nolle) ____

Etiam nos parentes venimus. → (nolle) ____

G2 3. Aufforderungen, Verbote und Wünsche

a. Übersetze die Sätze.

Servi, vinum arcessite! ____

Liberi, nolite vinum bibere! ____

Sed bibite aquam! ____

b. Bilde die angegebenen Formen. Trage sie nach dem Beispiel in Zeile 2 in den Zeilen 4, 6 und 8 ein.

Beispiel →	Plural →	Präsens →	ersetze durch *velle* →	Perfekt
placui →	placuimus →	placemus →	volumus →	voluimus
	Singular	ersetze durch *velle*	Plural	Präsens
placuerunt				
	Präsens	Singular	ersetze durch *malle*	Perfekt
desiimus				
	ersetze durch *nolle*	Präsens	Singular	Perfekt
fuistis				

Abschlusstest

a. *Unterstreiche die Präsensformen von velle, nolle und malle* **grün**, *die Perfektformen* **blau**.

b. *Übersetze den Text.*

Aufregung am Tag der Hochzeit

Am Morgen des Hochzeitstages gerieten die Freundinnen der Braut in Streit: Beide wollten das schöne Kleid anziehen. Konnte die Braut den Streit schlichten? Lies hier, wie der Streit ausging.

Prima luce[1] servi et servae cenam paraverunt. Subito amicas coniugis in horto[2] audiverunt. De pulchra veste certaverunt[3].
Una clamavit: „Ego pulchram vestem malo. Ego veterem[4] vestem non cupivi."
Alia[5]: „Semper pulchras vestes habere vis."
Tum coniunx venit: „Nolite certare[3]! Hodie diem festum[6] celebramus, nam nubere volo. Nonne celebrare[7] vultis? Desinite!"
Amicae desierunt. Iam certare[3] noluerunt.
Puellae: „Hodie laetae[8] esse et ridere volumus!"

1 prima luce bei Tagesanbruch
2 hortus, -i m der Garten
3 certare streiten
4 vetus, veteris alt
5 alia die andere
6 dies festus der Festtag (dies, diei m der Tag)
7 celebrare feiern
8 laetus, -a, -um fröhlich

Übungen

W **1.** **Ordne richtig zu, beachte das Beispiel. Eine Zeile, in der Bedeutungen angegeben sind, bleibt übrig.**

				Zuordnung
A)	altus, -a, -um	1)	überwinden; besiegen	A4
B)	tangere, tango, tetigi	2)	nahe, in der Nähe	
C)	caelum, -i n	3)	stehen bleiben; sich aufstellen	
D)	superare	4)	hoch; tief	
E)	inferi, -orum m	5)	hierher	
F)	terra, -ae f	6)	die (Bewohner der) Unterwelt	
G)	prope (Adv.)	7)	die Macht	
H)	potentia, -ae f	8)	der Himmel	
I)	mons, montis m	9)	der Berg	
J)	neglegere, neglego, neglexi	10)	vernachlässigen, gering schätzen, nicht beachten	
K)	consistere, consisto, constiti	11)	berühren; erreichen	
L)	prope (*Präp. m. Akk.*)	12)	nahe (bei), in der Nähe von	
M)	huc	13)	das Land, die Erde	
N)	iter, itineris n	14)	die Reise; der Weg, der Marsch	

W G1 **2.** **Perfektschlange**

Finde die Perfektformen, ordne sie der richtigen Perfektbildung zu und übersetze.

LOINTELLEXITHERTLOACONSPEXIMUSSETCVNRISILPEPEPERCITGFRCREDIDILABDIDISTI ERTCUCURRERUNTLOERASRTPERDIDITASESDUXERUNTLONCSUMPSITTS

Reduplikationsperfekt	s-Perfekt

W G2 **3. Entscheide richtig!**

a. Kreuze die richtige Perfektbildung zu den Verbformen an.
b. Gib jeweils den Infinitiv, die 1. Person Singular im Präsens und Perfekt und die deutschen Bedeutungen im Infinitiv an.

fecit	☐ s-Perf.	☒ Dehnungsperf.	facere, facio, feci: tun, machen, ausführen
vicerunt	☐ Reduplikationsperf.	☐ Dehnungsperf.	
venisti	☐ Dehnungsperf.	☐ s-Perf.	
affecit	☐ Reduplikationsperf.	☐ Dehnungsperf.	
reprehendisti	☐ ohne Stammveränderung	☐ Dehnungsperf.	
invenerunt	☐ v-Perf.	☐ Dehnungsperf.	
vidistis	☐ s-Perf.	☐ Dehnungsperf.	
movit	☐ Dehnungsperf.	☐ v-Perf.	

Abschlusstest

a. *Setze die folgenden Verbformen in das Perfekt.*
b. *Setze die Perfektformen jeweils an die richtige Stelle im Text ein. Übersetze den Text ins Deutsche.*

possunt: ______________ audiunt: ______________

parent: ______________

Die Besiedlung von Magna Graecia

Auf der Reise zum Landgut Ciceros erfährt Marcus, wie das antike Süditalien von den Griechen besiedelt wurde.

Quintus: „Graeci Italiam non invaserunt[1], sed oracula Apollinis ______________, eis ______________, hic consederunt[2]. In Italia multa loca colere ______________.

Itaque urbes condiderunt, multa theatra, templa pulchra exstruxerunt[3].“

____

____

____

____

____

____

____

____

1 invadere, invado, invasi eindringen (in)
2 considere, consido, consedi sich niederlassen, sich ansiedeln
3 exstruere, exstruo, exstruxi (er)bauen

Übungen

W **1. a. Wort oder Bedeutung und Deklination gesucht**

Ergänze die richtige(n) Bedeutung(en) bzw. das passende lateinische Substantiv; gib jeweils die Deklination an.

lat. Substantiv	dt. Bedeutung(en)	Deklination
	das Vieh; *Pl.* die Viehherde	
ignis		
	der Acker, das Feld; *Pl.:* das Land	
bellum		
	der Name	
homo		
	die Krankheit	
tectum		
	die List, die Täuschung	
voluntas		

b. Verschwundene Vokale

Ergänze die fehlenden Vokale und ordne die deutschen Bedeutungen zu.

übergeben; überliefern – aufziehen, (er)nähren – vorher, früher – (jmd.) erschrecken – nicht wissen, nicht kennen – formen, gestalten; sich ausdenken, erfinden – rauben

vivere	leben ______	t_rr_r_	______
f_ng_r_	______	tr_d_r_	______
_nt_ _	______	r_p_r_	______
_l_r_	______	n_sc_r_	______

G1 **2. Baukastenspiel**

Bilde aus den vorgegebenen lateinischen Bauelementen die richtigen lateinischen Formen des Imperfekts.

move	-(e)ba-	m
audi		s
tang		t
veni		mus
curr		tis
narra		nt

sie hörten ______

wir berührten ______

er/sie/es lief ______

ich bewegte ______

ihr erzähltet ______

du kamst ______

G1 **3. Das war einmal**

Setze die Formen ins Imperfekt und übersetze mit dem deutschen Präteritum.

ignorat		
audimus		
moneo		
cupiunt		
agis		

G2 **4.** **Wer war? Wer wollte?**

Bilde jeweils die entsprechenden Formen von *esse* und *velle* und übersetze.

	esse	Übersetzung	velle	Übersetzung
vivebant				
terrebas				
narrabamus				

G2 **5.** **Deutsch – Lateinisch: Übersetze ins Lateinische.**

sie wollten nicht (nolle) ____________________

du warst (esse) ____________________

ihr konntet (posse) ____________________

wir wollten lieber (malle) ____________________

ich wollte (velle) ____________________

er wollte (velle) ____________________

Abschlusstest

a. *Unterstreiche im Text alle Prädikate im Imperfekt.*
b. *Übersetze den Text.*
c. *Begründe den Tempusgebrauch bei den drei vorkommenden Imperfektformen.*

Jupiter ist erzürnt

Als Jupiter erfuhr, dass Prometheus den Menschen das Feuer gebracht hatte, war er außer sich vor Wut und zitierte seinen Sohn Vulcanus zu sich.

Iuppiter: „Olim[1] homines semper nos deos timebant, quia flammae caeli et aquae Oceani eos terrebant. Prometheus autem, qui saepe hominibus adesse studebat, ignem e caelo arcessivit et hominibus tradere paravit. Mihi ades, fili, et comprehende Prometheum!“

1 olim (Adv.) einst

Begründung des Tempus: ____________________

Übungen

W 1. Kunststück!

a. Erkläre die Bedeutung der folgenden Vokabeln jeweils mit einer kleinen Skizze.

rex (regis, m) | iuvenis (iuvenis, m) | aureus, -a, -um

b. Zerlege die Wortschlange mithilfe von Trennungsstrichen (|) in lateinische Wörter. Stelle dann die enthaltenen Verben der e-Konjugation zusammen und lies sie laut.

resisterenegaremorsputaretorquerestarediligereinstaretenereagere intellegereaureusoportetpergereviresservireiuberesic

Verben der e-Konjugation: ______

G1 2. Der AcI – eine Herkulesaufgabe?!

a. Unterstreiche jeweils den Akkusativ des AcI rot und den Infinitiv blau. Übersetze danach.

Prometheus Herculem amicum hominum esse scit.

______

Eurystheus Herculem mala[1] Hesperidum arcessere iussit.

______

b. Erkläre kurz, warum die folgende Übersetzung falsch ist, und berichtige sie.
Prometheus homines laborare scivit. – *Prometheus wusste, dass die Menschen gelitten hatten.*

______

1 malum, -i n. der Apfel

c. Prometheus klagt Herkules sein Leid. Übersetze – achte dabei auf das richtige Zeitverhältnis und die Wiedergabe der Pronomina.

„Iuppiter me sceleratum esse dixit. Me hominibus miseris ignem dare nolebat.
Sed cur homines ignem habere non vult?"

______

G2 **3. Besitzer gesucht!**

Bilde vier sinnvolle und grammatikalisch richtige lateinische Sätze, indem du aus jeder Spalte ein Wort auswählst und diese miteinander verbindest. Übersetze die entstandenen Sätze ins Deutsche.

Furi	arma	est.
Deo	ignis	sunt.
Prometheo	vestes	non est.
Hominibus	potentia magna	non sunt.

Abschlusstest

a. *Unterstreiche alle AcIs* ***blau***.

b. *Übersetze den Text.*

„Angeklagter Sisyphus, erheben Sie sich ...!“

Iuppiter Sisyphum reprehendit: „Sisyphe, te morti imperare velle audivi! Itaque te magna poena afficio: Oportet te in Tartaro tormentis[2] laborare! Non ignoras te nunc gaudio carere, quia voluntatem Iovis neglexisti. Noli veniam exspectare[3]! Iovi magnam potentiam esse memoria tene!“

2 tormentum, -i n Folterwerkzeug

3 Noli veniam exspectare! Erwarte keine Verzeihung! (verneinter Imperativ)

Übungen

W **1. Kannst du mit deinen Vokabelkenntnissen imponieren?**

a. Gib jeweils das lateinische Wort und die Bedeutung(en) richtig an:

deutsches Fremdwort / englisches Wort	lateinisches Wort	deutsche Bedeutung(en)
sozial		
hour		
Position		
imponieren		
counter-attack		
konstant		

b. Ordne den Bedeutungen jeweils das richtige lateinische Wort aus dem Wortspeicher zu:

saeculum – procul – interea – necare – nonnulli – suscipere – profecto – umerus – pauci – custodire

	einige, manche
	in die Ferne, aus der Ferne, fern
	die Schulter
	inzwischen
	aufnehmen; auf sich nehmen, unternehmen
	wenige
	töten
	in der Tat, tatsächlich
	bewachen, behüten
	das Jahrhundert; das Zeitalter

G1 **2. Gleichzeitig oder vorzeitig? Entscheide dich jeweils für den richtigen Infinitiv:**

Poetae narrant Herculi magnam vim corporis esse/fuisse. –
Die Dichter erzählen, dass Herkules große Körperkraft besessen hat.

Hercules non ignorabat Atlantem multa saecula caelum tenere/tenuisse. –
Herkules wusste genau, dass Atlas viele Jahrhunderte lang den Himmel getragen hatte.

G1 **3. Herkules und die schöne Königin**

Unterstreiche jeweils den passenden Infinitiv und übersetze:

Constat Herculem quondam reginae[1] pulchrae servire/servivisse.

1 regina, -ae f Königin

Regina[1]: „Non ignoro Herculem me amare/amavisse.“

____

Sed regina[1] sciebat Herculem iam antea mulieres relinquere/reliquisse.

____

G2 **4. Zeitliche Ausdehnung – oder nicht?**

Unterstreiche die Akkusative der zeitlichen Ausdehnung.

2 annus,-i m das Jahr

tres horas – nonnullas bestias – pauca saecula – nonnullos annos[2] – multas terras

G2 **5. Wenige Stunden ... oder viele Jahrhunderte?**

Ergänze sinnvoll und übersetze.

paucas horas – multa saecula – nonnullos annos[2]

______________________ poetae de laboribus Herculis narrabant.

____

Hercules ______________________ contra bestias saevas pugnabat.

____

Hercules ______________________ caelum sustinebat.

____

Abschlusstest

In die Übersetzung haben sich drei Fehler eingeschlichen. Vergleiche den lateinischen Text mit der Übersetzung, markiere die Übersetzungs-Fehler und verbessere sie.

Herkules erinnert sich an eine ungewöhnliche Begebenheit

„Constat Eurystheum regem mihi multos labores imposuisse. Rex voluit me multos annos[2] contra monstra[3] saeva pugnare. Labores sine timore suscepi. Eurystheus iussit me nonnulla monstra[3] arcessere. Itaque cum apro[4] Erymanthio ad regem properavi. Constat regem monstrum[3] conspexisse et valde[5] timuisse. Scio Eurystheum magno cum clamore in vas[6] fugisse.“

Es ist bekannt, dass König Eurystheus mir viele Arbeiten auferlegt. Der König wollte, dass ich viele Jahre lang gegen wilde Ungeheuer kämpfe. Ich habe die Arbeiten furchtlos auf mich genommen. Eurystheus befahl mir, einige Ungeheuer herbeizuschaffen. Deshalb bin ich mit den Erymanthischen Ebern schnell zum König gegangen. Es ist bekannt, dass der König die Ungeheuer erblickte und sich sehr fürchtete. Ich weiß, dass Eurystheus mit großem Geschrei in ein Gefäß geflüchtet ist.

2 annus, -i m das Jahr
3 monstrum, -i n das Ungeheuer
4 aper, apri m der Eber
5 valde sehr
6 vas n das Gefäß

Übungen

W **1. Wer suchet, der findet.**

Lies die Vokabeln laut und ordne sie ihren deutschen Bedeutungen zu. Beachte das Beispiel.

-que tollereaugerenullusgloriaomnisimmoquidemdemittereacermortalisluxmens annusingenscelercaputincredibilisne...quidem

lateinisch	deutsch	lateinisch	deutsch
-que	und		schnell
	vermehren, vergrößern		der Ruhm, die Ehre
	riesig, gewaltig		jeder; all; ganz
	sterblich; *Subst.*: der Sterbliche, der Mensch		unglaublich
	scharf; heftig, wild		das Jahr
	der Geist, der Verstand		zwar, freilich
	im Gegenteil; ja sogar		kein
	nicht einmal		das Haupt, der Kopf
	das Licht, das Tageslicht		hinabschicken; sinken lassen
	hochheben, aufheben, erheben; beseitigen, wegnehmen; vernichten		

G1 **2. Partnersuche**

a. Ordne die Adjektive den Substantiven inhaltlich sinnvoll zu. Achte auf KNG.

timore – viri – miseris – templa – bestia – vulnus – hominum
acre – omnia – acris – omnium – incredibili – celeres – mortalibus

timore ______ – viri ______ – templa ______

bestia ______ – vulnus ______ – hominum ______ – mortalibus ______

b. Füge nach KNG und inhaltlich passende Adjektive aus G1 2 a. in die Lücken ein und übersetze.

Ira Iunonis ______ erat, quia Hercules fuit filius Iovis.

Constat maximam[1] vim ______ mortalium fuisse Herculi.

Hercules puer dracones[2] magnos vi ______ necavit.

Hercules Hydrae ______ capita secavit[3].

1 maximus, -a, -um der/die/das größte   2 draco, -onis m/f die Schlange   3 secare, seco, secavi abschneiden, abtrennen

G2 **3. Zahlenkönig**

a. Berechne und notiere das Ergebnis mit der passenden lateinischen Vokabel.

III + IV = ____ III x II = ____

X – I = ____ IV – II = ____

II – I = ____ IX – VI = ____

II x II = ____ IX – V + IV = ____

VI – I = ____ V + V = ____

b. Bringe die lateinischen Ordinalzahlen in die richtige Reihenfolge.

nonus – septimus – quartus – decimus – tertius –sextus– secundus – octavus – primus – quintus

Abschlusstest

a. *Wähle zunächst aus den in Klammern angegebenen Vorschlägen die grammatikalisch passenden Adjektive aus. Beachte hierzu die KNG-Kongruenz.*
b. *Übersetze den Text.*

Herkules und Cacus

Als Herkules einschläft, nähert sich der Riese Cacus den Rindern des Herkules:
Cacus[1]: „Ah, tam pulchros boves[2] video! Eos rapere et in speluncam[3] (ingens/ingentem/ingentis) agere volo.“ Hercules, postquam[4] (omnia/omne/omnes) pecora abesse intellexit, statim ea quaerere coepit, sed invenire non potuit. Hercules animum demittebat, cum subito[5] voces boum[2] audivit et eo modo speluncam[3] Caci[1] invenit. Statim Hercules speluncam[3] intravit. Ibi Cacum vidit, necavit, (omni, omnes, omnium) boves[2] liberavit.

1 Cacus, -i m Cacus (ein räuberischer Riese); er lebte der Sage nach in einer Höhle im Aventin.)
2 bos, bovis m (Gen. Pl. boum) Rind
3 spelunca, -ae f Höhle
4 postquam + Ind. Perf. nachdem
5 cum subito als plötzlich

Übungen

• W 1. Buchstabenwirrwarr

a. Finde zu den deutschen Bedeutungen jeweils das lateinische Wort (in der Grundform).

- das Schicksal; das Verhängnis
- die Hilfe
- (sich) stürzen, eilen, rennen
- (weg-)gehen, weichen; nachgeben
- gesund sein; vermögen; Einfluss haben
- verletzen, misshandeln
- verteidigen (gegen)
- die Schwester
- erlauben, überlassen
- abhalten (von), hindern (an), verhindern
- es ist nötig
- neu, neuartig

E	R	H	L	C	V	B	N	S	A	C	O	N	D	E	R	E	A
V	A	L	E	R	E	D	F	P	Q	F	E	L	M	N	B	C	C
F	U	B	N	M	F	G	H	E	B	C	D	C	N	O	V	U	S
S	X	L	H	L	M	N	V	C	E	D	E	R	E	R	T	P	U
V	I	O	L	A	R	E	D	U	D	D	F	U	C	F	X	R	C
A	L	L	S	M	S	D	F	L	I	O	E	E	E	H	X	O	V
D	I	T	O	N	F	S	D	U	T	P	N	R	S	L	G	H	B
F	U	F	R	B	A	C	L	M	D	O	D	E	S	E	H	I	N
A	M	I	O	I	T	R	T	O	M	L	E	H	E	R	L	B	M
H	R	X	R	Q	U	G	T	U	I	L	R	U	E	T	T	E	S
L	T	P	E	R	M	I	T	T	E	R	E	B	S	U	R	R	D
N	O	S	T	E	R	S	E	M	A	R	A	T	T	E	R	E	F

b. Entscheide, welche Wortbedeutung im Kontext die passende ist.

Is orator nihil valet. (gesund sein; vermögen; Einfluss haben)

Si vales, bene est; ego valeo.

•• W G1 2. Mein – dein – sein

Unterstreiche die Possessivpronomina rot, die Bezugswörter blau und übersetze die Sätze.

Menelaus: „Paris honorem meum violavit.“ ______

„Tu, Helena, fatum tuum non ignoras.“ ______

Menelaus mentem suam amisit. ______

Menelaus ad amicos: „Auxilio vestro vincere possum!“ ______

______

•• G2 3. Sich selbst mögen

Unterstreiche die Reflexivpronomina und ihre Bezugswörter. Übersetze.

Puellae sibi placent. ______

Puellae in speculo libenter se spectant. ______

______

Puer servam eius vocat. ______

••• G3 4. Quis pulcherrima est? – Wer ist die Schönste?

a. Unterstreiche die Reflexivpronomina rot und die Personalpronomina blau.

b. Übersetze die Sätze.

Paris soll entscheiden, welche Göttin die schönste ist. Was aber denken die Göttinnen?

Venus se vincere posse putat. ______

Minerva autem putat eam vincere non posse; ______

______

1 pulcherrima, -ae f die schönste (Frau, Göttin)

nam Minerva se pulcherrimam[1] esse putat. ______

______

Etiam Iuno se pulcherrimam[1] esse putat. ______

______

Putat eas vincere non posse. ______

Abschlusstest

a. *Unterstreiche im untenstehenden Text alle Pronomina und ordne sie zu:*

Possessivpronomen	Personalpronomen	nicht-reflexives Possessivpronomen	reflexives Personalpronomen

b. *Übersetze den Text.*

Menelaos und Helena machen sich Gedanken

Menelaus: „Ira mea ingens est. Scio Helenam pulchram esse. Coniugem valde amo. Itaque fatum nostrum mutare debeo. Scio Helenam cum Paride nunc esse. Constat me de Helena pugnare debere."

Helena: „O, me miseram[1]! Paris me amat et putat se Menelaum vincere posse. Ego autem mores coniugis non ignoro. Iram eius timeo."

1 O, me miseram! Oh ich Unglückliche!/Arme!

Übungen

W **1. Wer suchet, der findet!**

Finde die Vokabeln aus Lektion 21 und ordne sie ihren deutschen Bedeutungen zu.

insulaabireundesubirepraebereiresinereredirepraetereaaccipere
praeterirerestituerearsquoinireadirenemo

lateinisch	deutsch	lateinisch	deutsch
insula	die Insel; das Mietshaus		lassen, zulassen, erlauben
	annehmen, empfangen, erhalten; vernehmen		außerdem
	darreichen, gewähren		darunter treten; auf sich nehmen
	die Kunst; die Fertigkeit, die Geschicklichkeit		weggehen, abtreten, zurücktreten
	herangehen, aufsuchen, auf sich nehmen, angreifen		hineingehen, betreten; beginnen
	woher?		gehen
	vorübergehen, vorbeigehen; vergehen; übergehen		zurückgehen, zurückkehren
	wohin?; wodurch?; dorthin		niemand
	wiederherstellen; zurückversetzen		

G1 **2. Verwandlungskünstler**

a. Unterstreiche alle Wörter, die Formen von *ire* darstellen können.

ea – ita – eo (!) – ite – id – istis – eius – iis – eunt – i – ibi – it

b. Verwandle die vorgegebenen Wörter in Formen von *abire*.

decedo → ______ decedis → ______ deceditis → ______

decedunt → ______ decedebamus → ______

G2 **3. Lückenfüller**

a. Sortiere die Formen nach den Tempora und übersetze sie. Beachte das Beispiel.

~~rediit~~ – adiit – subibat – praeterierunt

Präsens	______ = ______
Imperfekt	______ = ______
Perfekt	______ = ______ rediit = er ist zurückgekehrt

b. Fülle die Lücken passend mit Formen aus G2 3a und übersetze die Sätze.

1. Ulixes magna pericula ______________________.

____

2. Quia insulam Sirenum ______________________, socii Ulixem in vincula dederunt.

____

3. Penelope: „Vae! Maritus nondum ______________________!“

____

4. Ulixes tandem Ithacam ______________________.

____

G3 **4. Satzbaukasten**

Bilde drei sinnvolle und grammatikalisch richtige Sätze. Übersetze anschließend.

Sociorum est	Troiam	adire.
Ulixis est	labores	defendere.
Troianorum est	multa pericula	subire.

____

____

____

Abschlusstest

In die folgende Übersetzung haben sich an den markierten Stellen drei Tempus- oder Vokabelfehler eingeschlichen. Gib jeweils an, was falsch übersetzt wurde, und übersetze richtig.

Nach der Rückkehr des Odysseus

Ulixes: „Penelopa, vis marium me diu a te prohibebat. Me oportuit multa pericula subire. Decem anni praeterierunt, dum tandem ad te redire potui – deis gratias ago! Calypso nympha[1] mihi adesse voluit, sed paulo post[2] me valde[3] amare coepit – ego autem eam fugi! Nunc me in patriam redisse gaudeo.“

Odysseus sagt: „Penelope, der Mann der Meere hielt mich lange von dir ab. Ich musste viele Gefahren auf mich nehmen. Zehn Jahre sind vergangen, bis ich endlich zu dir zurückkehren konnte – Ich danke den Göttern! Die Nymphe Calypso wollte mir helfen, aber wenig später begann sie mich sehr zu lieben – ich aber fliehe vor ihr! Nun freue ich mich, dass ich in die Heimat zurückkehre.“

1. ____

____

2. ____

____

3. ____

____

1 **Calypso nympha** die Nymphe Calypso (Meernymphe, die auf einer sonst unbewohnten Insel wohnt)

2 **paulo post** wenig später

3 **valde** (Adv.) sehr

Übungen

W 1. Versteckspiel

Finde die passenden lateinischen Vokabeln. Vier Leserichtungen (waagerecht von links nach rechts und von rechts nach links, senkrecht von oben nach unten und von unten nach oben) sind möglich!

i	n	c	e	n	d	e	r	e	m
p	q	l	a	p	e	r	i	r	e
o	o	a	i	i	r	o	e	p	r
s	i	b	r	i	r	s	c	i	e
s	n	r	t	m	a	r	e	u	d
i	s	s	a	f	r	a	d	s	r
d	t	u	p	g	e	i	o	o	a
e	i	n	c	i	p	e	r	e	a
r	t	c	a	p	e	r	e	u	n
e	u	a	m	i	r	c	a	l	t
i	e	m	o	r	n	a	e	n	e
e	r	e	c	s	o	n	g	o	c
s	e	p	t	r	e	i	a	x	a

- nehmen, fangen, ergreifen; einnehmen
- besitzen
- unterrichten; einführen; errichten
- öffnen; aufmachen
- entflammen, in Brand setzen
- vor
- anfangen, beginnen
- das Meer
- brennen, glühen
- fromm; verantwortungsbewusst, pflichtbewusst
- kennenlernen, erkennen; erfahren; *Perf.* wissen, kennen
- die Träne
- die Nacht
- das Vaterland, die Heimat
- sich irren, (umher)irren

G1 2. Plus-quam-perfekt – mehr als Perfekt?

Ergänze die entsprechenden Formen:

Präsens	Perfekt	Plusquamperfekt
erramus		
	sedisti	
incendo		
		aperuerat
incipiunt		
		erraveratis

G2 3. Formenschlange

Bilde die angegebenen Formen:

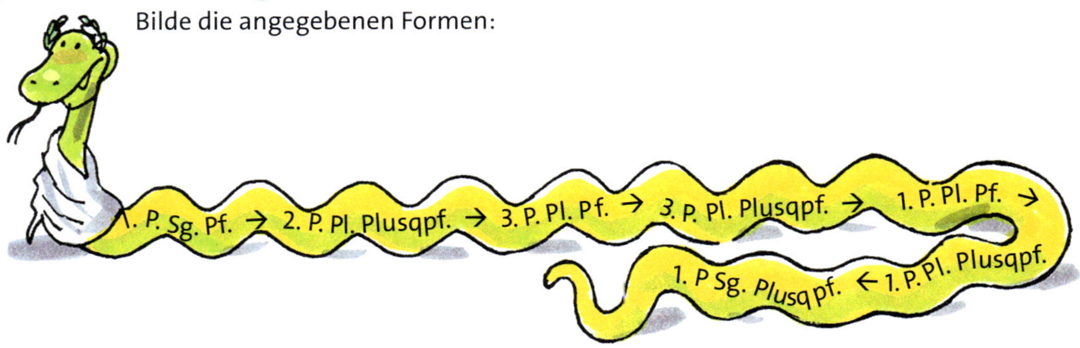

augere: ______________________________

violare: ____________________

relinquere: ____________________

____

effugere: ____________________

venire: ____________________

G3 **4. Relativ verbunden – Wer oder was ist gemeint?**

a. Ergänze die Lücken mit den richtigen relativen Satzanschlüssen.
b. Unterstreiche in den vorausgehenden Sätzen jeweils das Bezugswort.

In urbe Troia Aeneas habitavit. ____________ (*qui – quae – qua*) filius Veneris erat. Sed Aeneas multa nocte urbem reliquit. ____________ (*qui – quam – quem*) Graeci ceperant. Aeneas cum patre prima luce fugere potuit. ____________ (*quem – quo – qui)* Aeneas umeris suis imposuerat.

Abschlusstest

a. *Ergänze die Lücken mit der richtigen Tempusform (Perfekt oder Plusquamperfekt). Die Personalendungen sind bereits in Klammern vorgegeben.*
b. *Unterstreiche im Text die relativen Satzanschlüsse. Finde außerdem jeweils das Wort, auf das sich der relative Satzanschluss bezieht.*
c. *Übersetze den Text.*

Zwischen Pflicht und Liebe ...

Aeneas se cum sociis multa nocte e Troia fugisse narrat. Tum Dido amore acri arsit. Aeneas pulchram mulierem amavit. Qui neglegere iam coepit id, quod dei ____________ (iubent). Itaque Mercurius Aeneam adiit. Qui acribus verbis Aeneam iussit Italiam petere. Tum Aeneas consilium cepit[1] prima luce fuga salutem petere[2]. Dido autem, quae consilium[1] Aeneae iam ____________ (cognoscit), eum multis cum lacrimis flectere[3] studuit. Pius Aeneas autem, quem Mercurius de fato ____________ (monet), Carthaginem reliquit.

____

____

____

____

____

____

____

____

1 consilium capere den Entschluss fassen
2 fuga (Abl.) salutem petere sein Heil in der Flucht suchen
3 flectere umstimmen

Übungen

W 1. Ordne die deutschen Bedeutungen zu – finde passende Fremdwörter

bald; dann – drehen, (um-)wenden – die übrigen, die anderen – hochmütig; stolz – der Grund, die Ursache – unübersetzte Fragepartikel – der Schatten – schwören – zwischen; während – unglücklich

Vokabel	deutsche Bedeutung(en)	deutsches Fremdwort
causa		
iurare		
superbus		
mox		
umbra		
vertere		
infelix		
ceteri		
-ne		
inter		

G1 2. Ordne die Futur- und Präsensformen in die passende Spalte ein:

video – iurabis – custodiunt – clauditis – vertet – capiemus – videbo – vertit – claudetis – custodient – iuras – capimus

	Präsens	Futur
1. P. Singular		
2. P. Singular		
3. P. Singular		
1. P. Plural		
2. P. Plural		
3. P. Plural		

G2 3. Heute *(hodie)* und morgen *(cras)*: Bilde entsprechende Formen und übersetze:

hodie	cras
necat	
	tenebimus
pono	
fugis	

G3 **4. Fragen über Fragen**

Übersetze die Fragen ins Deutsche und kreuze die richtige Antwort an:

	Nein!	Ja!	Ja, doch!
1. Nonne Anchises Aeneae futura dicet? ______________________________	☐	☐	☐
2. Fuitne Aeneas infelix, quia patrem amiserat? ______________________________	☐	☐	☐
3. Num Aeneas libenter per mare errat? ______________________________	☐	☐	☐

Abschlusstest

a. *Ergänze die Lücken mit den passenden Futurformen.*
b. *Übersetze den Text.*

Aeneas befragt Sibylle

Aeneas: „Tu, o Sibylla, futura providere[1] potes. Nonne vides finem errorum[2]? Num ____________ (decedere) de vita[3]? Quando patriam novam ____________ (invenire)? Dicesne mihi futura, Sibylla?“

Sibylla: „Iam futura tibi dicam. Tu cum sociis in Latium ____________ (ire). Ibi multi hostes[4] vos ____________ (exspectare). Tandem hostes[4] ____________ (vincere). Tum dei vos in Latio considere[5] ________________________ (permittere).“

____
____
____
____
____
____
____
____
____

1 futura providere die Zukunft voraussehen
2 finis errorum ein Ende der Irrfahrten
3 de vita decedere sterben
4 hostis, hostis m/f der (Landes) Feind, die Feindin
5 considere sich niederlassen

Übungen

W **1. Erkenne und ergänze richtig! Die deutschen Bedeutungen helfen dir.**

(solange) bis; solange; *(m. Ind. Präs.)* während	__ __ m
die Herrschaft, die Königsherrschaft; das Reich	__ e __ n __ m
die Mauer	m __ __ u s
nachdem	__ o __ t q __ __ m
obwohl	q __ __ __ q __ a m

G1 **2. Übersetze deutsche Wörter ins Lateinische, dann die ganzen Sätze ins Deutsche.**

Faustulus (obwohl) __________ lupam __________ (er fürchtete), tamen ad eam accessit.

____

____

Lupa (Nachdem) __________ eum __________ (sie hatte gehört), caput vertit et eum spectavit.

____

____

Coniunx Faustuli pueros ut suos filios alit, __________ (weil) Faustulum signum deorum vidisse __________ (sie glaubt).

____

____

G2 **3. Bilde die entsprechenden Futurformen und übersetze sie.**

Futur I	Futur II
iurabit –	
	sederimus –
cognosces –	
	fecerint –
veniam –	
	coeperitis –
ibit	

G2 **4. Vier Zeiten: Sortiere die Verbformen in die richtige Tempusspalte ein:**

cepisti – potuerunt – mansero – servabo – petiverant – retinebit – decesseris – cucurreram dederant – ierunt – fueris – possederint – bibent – deposui – cognoveramus – quaeremus

Perfekt	Plusquamperfekt	Futur I	Futur II

Abschlusstest

a. *Bilde die passenden Formen des Futur I bzw. II.*
b. *Übersetze den Text.*

Der Brudermord vor der Stadtgründung

Romulus et Remus urbem novam ad Tiberim condere paraverunt. Fratres, quia uterque[1] regnare[2] cupiebat, deos decernere[3] voluerunt.

Romulus ad Remum: „Si plurimos vultures[4] ____________ (2. P. Sg. von videre), urbi novae nomen ____________ (2. P. Sg. von dare).“ Romulus Palatium montem, Remus Aventinum montem petivit. Ibi signum deorum exspectabant. Romulus murum facere coepit, postquam plurimos vultures[4] vidit. Romulus: „Si tu murum meum ____________ (2. P. Sg. von tangere), te ____________ (1. P. Sg. von necare)!“ Quamquam Romulus eum monuerat, Remus murum fratris transsiluit[5]. Tum Romulus fratrem necavit.

1 uterque jeder von beiden
2 regnare regieren
3 decernere entscheiden
4 plurimos vultures die meisten Geier
5 transsilire + Akk. über etwas springen

Übungen

W 1. Der Ausbruch des Vesuvs in aller Munde!

Gestalte ein Sachfeld lateinischer Wörter zum Thema „Vulkanausbruch". Die Beispiele helfen dir.

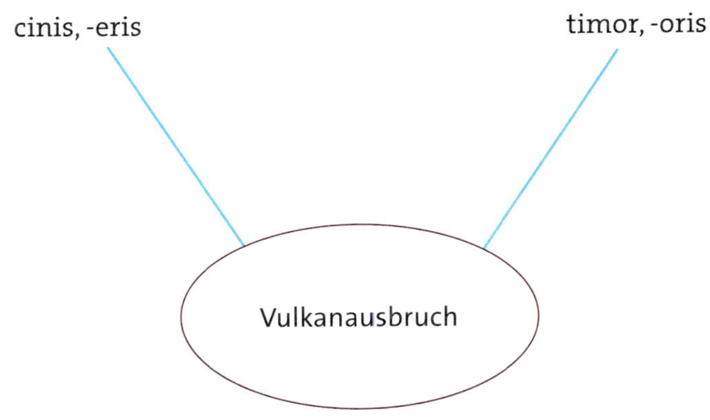

G1 2. Ja oder nein?

Entscheide jeweils, ob es sich um einen AcI handelt. Markiere bei den AcIs das Subjekt blau, den Infinitiv rot und das übergeordnete Verb grün.

	ja	nein
Plinius avunculum studia amare non ignoravit.		
Avunculum nonnullos libros de rerum natura[1] composuisse scimus.		
Hominibus adesse quam periculum effugere maluit.		
Avunculum prope Vesuvium montem de vita decessisse constat.		

G2 3. Plinius' Liebe zu den Wissenschaften ... der Neffe erzählt!

Wähle mithilfe der deutschen Übersetzungen jeweils den richtigen lateinischen Infinitiv aus. Welches Zeitverhältnis liegt jeweils vor?

1. Meine Mutter erzählte mir, dass der Onkel viele Gefahren auf sich genommen hatte.
Mater mihi narravit avunculum multa pericula suscipere/suscepisse.

Zeitverhältnis: ______________________

2. Der Onkel sagte: „Ich bin darum bemüht, die Natur zu verstehen."
Avunculus: „Rerum naturam[1] intellegere/intellexisse studeo."

Zeitverhältnis: ______________________

3. Es steht fest, dass der Onkel fern von dem Landhaus den Vesuv betrachten wollte.
Avunculum procul a villa Vesuvium spectare/spectavisse velle/voluisse constat.

Zeitverhältnis: ______________________

4. Denn er hatte im Sinn, die Ursachen des Ausbruchs zu erkennen.
Nam causas eruptionis[2] cognoscere/cognovisse in animo habuit.

Zeitverhältnis: ______________________

1 rerum natura, -ae f die Natur, das Wesen der Dinge
2 eruptio, eruptionis f der Ausbruch

G3 **4. Der Neffe erzählt weiter …**

a. Markiere Personalpronomina der 1. und 2. Person rot, Formen von is/ea/id blau und reflexive Personalpronomina der 3. Person grün.

ea – ego – tibi – eum – se – sibi – eos – me – eis – tu – nos – eius – vobis – eorum

b. Bestimme die Formen aus G3 4a mündlich mit deinem Lernpartner.

c. Setze jeweils das richtige Pronomen aus G3 4a ein. Übersetze dann mündlich.

– Plinius de avunculo timuit. Scivit enim ______ non solum causas eruptionis[2] intellegere, sed etiam homines servare velle.

– Avunculus ______ in periculo esse intellexit.

– Omnes timuerunt et ______ mortem instare crediderunt.

– Avunculus ______ hominibus adesse debere putavit: „______ pericula subire debere credo.“

d. Auf wen beziehen sich die Pronomina inhaltlich?

Abschlusstest

a. *Markiere im Text, was die Mutter des Plinius sieht (**blau**) und hört (**rot**).*

b. *Übersetze den Text.*

Der Vulkanausbruch aus anderer Sicht

Memoria teneo nos multas horas in horto[3] sedisse et avunculum exspectavisse. Certe timor mihi erat. Sororis enim est de fratre timere. Tum hortum[3] reliquimus. Oculos ad Vesuvium verti et nubem ingentem, quae se tollebat in caelum et cinerem mittebat, animadverti.[4] Dum nubem specto, homines et clamare et flere[5] audivi. Multos cum lacrimis per vias errare, parentes liberos curare, nonnullos animum demittere vidi …

3 hortus, -i m der Garten
4 animadvertere, animadverto, animadverti wahrnehmen, bemerken
5 flere, fleo, flevi weinen (über); beweinen; beklagen

Training für Schulaufgaben (Aufgabenteil B)

Lektion 1–5

(Lekt. 4, S. 27, Z. 15–23; 63 Wö.)

Rufus rogat: „Ubi nunc libri Sybillini sunt?“ Severus: „Non ignoratis Capitolium. Ibi sunt. Ibi etiam templa et arae sunt, ubi Romani deos et deas colunt et sacra faciunt. Romani enim deos timent.“ Rufus: „Capitolium non ignoro: Ibi Iuppiter, Iuno, Minerva templum habent.“ Severus: „Bene, Rufe! Audite: Certe iterum fabulam audire cupitis.“ Rufus et amici clamant: „Cupimus!“ Tum Severus narrat: „Non ignoratis Vulcanum ...“

A (Sprache): Stelle aus dem Text alle Wörter zum Thema „Religion“ zusammen.

B (Text): Erkläre, warum Rufus von Severus gelobt wird (*Bene, Rufe!*).

C (kultureller Kontext): Beschreibe, wie die Römer ihre Götter verehrten. Beziehe auch den lateinischen Text der Aufgabe mit ein.

Lektion 6–10

(Lekt. 8, S. 49, Z. 14–20; 49 Wö.)

Marcus Philippum rogat: „Philippe, tu quoque es gladiator?“ Philippus verbis gaudet et ridet: „Ha, ha! Minime[1]! Ego sum medicus[2]. Corpora gladiatorum curo. Semper enim doloribus laborant. Gladiator raro vulnere caret! Sed ego gladiatores doloribus libero. Medicamentis et ferro vulnera curo!“ Subito Philippus tacet: Intrat Cicatricosus! Marcus et Quintus timent.

1 Minime! keineswegs!
2 medicus der Arzt

A (Sprache): Gib aus dem Text je einen Ablativ des Mittels, der Trennung und des Grundes an.

B (Text): Weise nach, dass Philippus seine Tätigkeit als *medicus* für sehr nützlich hält.

C (kultureller Kontext): Diskutiere, ob die Gladiatoren eher Opfer oder Stars waren.

Lektion 11–15

(Lekt. 11, S. 64, Z. 1–5; W-Text, 61 Wö.)

Tiro in thermis amicum convenit. Is Tironem salutat: „Salve, Tiro! Quid agis?“ Tiro: „Salve et tu! Haud bene. Nam Marcus, filius domini, in periculo est. Semper timeo. Timere desinere non possum.“ Amicus ei respondet: „Cur semper times? Desine timere! Depone timorem! Nunc libertatem habes. Sed quid tibi libertas prodest, si vitam ut servus agis? Hic thermae sunt! Hic otium est!“

A (Sprache): Verbinde folgende Adjektive mit Substantiven aus dem Text: magno – miser – pulchram. Achte auf KNG-Kongruenz und darauf, dass sich ein sinnvoller Ausdruck ergibt!

B (Text): Erläutere, wie sich Tiros Freund in den Thermen fühlt.

C (kultureller Kontext): Stell dir vor, du betrittst eine antike Therme. Beschreibe stichpunktartig, welche Räume du auf deinem Weg durch die Therme durchläufst.

Lektion 16–20

(Lekt. 19, S. 104, Z. 1–5; W-Text, 66 Wö.)

Eurystheus: „Hercules, tandem venis, scelerate! Puto deos te amare: Poena enim, qua te affecerunt, parva est. Tantalus in Tartaro multa saecula laborat, quia unum filium necavit. Te autem filios et coniugem perdidisse constat; tamen solum paucos annos laborare et servire debes. Ergo tibi labores, qui etiam vires filii Iovis superant, imponere paro." – Labores autem Herculem non superaverunt, sed Hercules labores. Sic Hercules honorem et gloriam auxit.

A (Sprache): Gib aus dem Text zwei AcI-Konstruktionen an. Bestimme das Zeitverhältnis, das der jeweilige AcI zur Handlung des Prädikats ausdrückt.

B (Text): Erkläre, warum Eurystheus in seiner Rede Tantalus erwähnt.

C (kultureller Kontext): Erläutere, wie der vorletzte Satz des Textes (*Labores ... labores.*) zu verstehen ist.

Lektion 21–25

(Lekt. 21, S. 120, Z. 1–7; W-Text, 70 Wö.)

Graeci Troiam **capiunt**. Urbs ardet. Aeneas Penates capit et cum patre, filio, coniuge fugit. Se suosque servare studet. Per noctem, turbam, flammas **errat**. Ecce portae urbis! Iam Troiam relinquit, iam mare conspicit. Sed ubi est coniunx? Aeneas patrem et filium ante urbem relinquit et Creusam coniugem in urbe quaerit. Profecto eam **invenit** – sed cognoscit eam non Creusam, sed umbram[1] Creusae esse. Cum lacrimis clamat: „Misera coniunx!" Sed Creusa: „Noli animum demittere! Di me **prohibuerunt** tecum fugere. Sed **volunt** te novam patriam novamque coniugem habere."

1 umbra, -ae f: das Schattenbild

A (Sprache): Wandle die fünf im Text **fett** gedruckten Verben ins Plusquamperfekt um.

B (Text): Erkläre, auf welches Substantiv das Pronomen *eam* (Z. 4) verweist.

C (kultureller Kontext): Erkläre, was im lateinischen Text mit *umbra* gemeint ist.

Herausgeber: Volker Berchtold, Prof. Dr. Markus Schauer
Autorinnen und Autoren: Dagmar Adrom, Heiko Deden, Delia Göbeler, Robert Reisacher, Margot Schuller, Kerstin Vormwald, Dirk Weidmann
Redaktion: Bianka Frank, Werner Schmidt
Illustration: Roland Beier, Berlin
Umschlaggestaltung: ROSENDAHL BERLIN Agentur für Markendesign
Layout und technische Umsetzung: Marina Goldberg
Bildnachweis Cover: Vordergrund: Gabriele Heinisch, Berlin;
Hintergrund: bpk | Hans Christian Krass

www.oldenbourg.de

1. Auflage, 1. Druck 2018

Alle Drucke dieser Auflage sind inhaltlich unverändert
und können im Unterricht nebeneinander verwendet werden.

Druck: Firmengruppe APPL, aprinta Druck, Wemding

ISBN 978-3-637-01926-3

PEFC™
PEFC/04-32-0928

PEFC zertifiziert
Dieses Produkt stammt aus nachhaltig bewirtschafteten Wäldern und kontrollierten Quellen.

www.pefc.de

Lektion 1

Übungen | Abschlusstest

W G1 **1.** a. servus der Diener, der Sklave   domina die Herrin; die Hausherrin   familia die Familie

b.

lat. Wort	dt. Bedeutungen
ubi?	wo?
non	nicht
amica	die Freundin
hic	hier
etiam	auch; sogar
cur?	warum?
ibi	dort
nam	denn, nämlich

lat. Wort	dt. Bedeutungen
serva	die Dienerin, die Sklavin
nunc	nun, jetzt
et	und; auch
dominus	der Herr; der Hausherr
sed	aber, doch; sondern
amicus	der Freund
otium	die Freizeit, die Ruhe, die Muße
negotium	die Aufgabe; das Geschäft

c.

lat. Verb	dt. Bedeutung	Konjugation
properare	arbeiten; leiden	a-Konjugation
est	sich freuen, froh sein	a-Konjugation
sedere	sitzen, dasitzen	a-Konjugation
clamare	müssen; schulden	e-Konjugation
laborare	eilen, sich beeilen	e-Konjugation
sunt	(laut) rufen, schreien	e-Konjugation
gaudere	er/sie/es ist; es gibt/findet statt	unregelmäßig
debere	sie sind; es gibt/findet statt	unregelmäßig

G2 **2.**

Neutrum	negoti | um	oti | um		
Femininum	domin | a	famili | a	serv | a	amic | a
Maskulinum	amic | us	serv | us	domin | us	

G3 **3.**

Servus et serva (~~laborat~~/laborant). — Der/Ein Sklave und die/eine Sklavin arbeiten.
Terentia (gaudet/~~gaudent~~). — Terentia freut sich.
Cicero dominus (est/~~sunt~~). — Cicero ist der/ein Hausherr.
Cicero et Terentia (~~sedet~~/sedent). — Cicero und Terentia sitzen (da).
Servae (~~laborat~~/laborant). — (Die) Sklavinnen arbeiten.

G4 **4.** a. ibi passt nicht in die Aufzählung, weil es kein Substantiv ist, sondern ein Adverb.
b. familia (f.), amici (m.), domina (f.), otia (n.), servae (f.), negotium (n.), amicae (f.), servus (m.)

Übungen | **Abschlusstest**

a. debet → debent   negotium → negotia   servae → serva   sunt → est

b. Phila **serva** est, Terentia domina **est**. Domina clamat: „Ubi Phila est? Laborare debet!" Tiro: „Hic non est. In horto laborat." Tum Tiro servam advocat. Nunc Phila properat et gemit: „Cur servi et servae semper laborare **debent**? Hic sunt negotia, ibi sunt negotia – ubi est otium?"

Phila ist (eine) Sklavin, Terentia ist (eine) Hausherrin. Die Hausherrin ruft: „Wo ist Phila? Sie muss arbeiten." Tiro (antwortet): „Hier ist sie nicht. Sie arbeitet im Garten." Darauf ruft Tiro die Sklavin herbei. Nun beeilt sich Phila und stöhnt: „Warum müssen Sklaven und Sklavinnen immer arbeiten? Hier sind Aufgaben, dort sind Aufgaben – wo gibt es Muße?"

Lektion 2

Übungen | Abschlusstest

W **1.** a. lectus; aqua; cibus
b. *(lectus)* lat.: dormire dt: schlafen; *(cibus)* lat.: cenare dt: essen, speisen

W **2.** ridere lachen; auslachen   salve sei gegrüßt!   vinum der Wein
intrat er, sie, es betritt, tritt ein (in)   num etwa?   salutare grüßen, begrüßen
imperant sie befehlen, ordnen an; herrschen (über)   tum dann, darauf, da; damals
cessare zögern (zu tun), sich Zeit lassen   audit er, sie, es hört (an)   quid was?
venire kommen   iam schon, bereits   aperire öffnen; aufmachen
subito plötzlich   desperant sie verzweifeln, geben die Hoffnung auf
parere gehorchen, folgen

W G1 **3.** a. Im Lateinischen gibt es einen Kasus für die Anrede, der **Vokativ** heißt. Dieses Wort ist abgeleitet von lat. **vocare**, dt.: rufen.
b. Terentia: „Salve, *Marci – Marcus – Marce*!"
Cicero: „Ubi est vinum, *Scintilla – Scintillae*?"
Tiro: „Salvete, *Tulli – Tullius* et *Phila – Philae*!"

W G2 **4.** parete! dt.: Gehorcht!/Folgt!
salvete! dt.: Seid gegrüßt!
impera! dt.: Befiehl!/Ordne an!/Herrsche (über)!

G3 **5.** a.

Singularformen	Pluralformen
audit er/sie/es hört (an)	audiunt sie hören (an)
ridet er/sie/es lacht (aus)	rident sie lachen (aus)
salutat er/sie/es (be)grüßt	salutant sie (be)grüßen
dormit er/sie/es schläft	dormiunt sie schlafen

b. Besonderheit: In der i-Konjugation gibt es in der 3. Pers. Pl. einen Vokal *-u-*, der Stamm und Endung verbindet (sog. Bindevokal).

Lösungen

Übungen | **Abschlusstest**

a.

Singular	Plural
veni!	venite!
intra!	intrate!
audi!	audite!
salve!	**salvete!**
propera!	**properate!**

b. Die ~~Freundin~~ **Hausherrin** Terentia ruft laut: „Tiro, komm! Wo ist die Sklavin Phila?“ Der Herr Cicero ~~grüßt~~ **befiehlt**: „Tiro, tritt ein und ~~hört~~ **höre**! Wo sind die Sklaven Dionysius und Davus? Warum folgen sie nicht, warum kommen sie nicht?“ Tiro ruft: „Grüßt euch, Terentia und Marcus Tullius! Die Sklavin Phila und der Sklave Davus arbeiten bereits! Aber Dionysius ~~spielt~~ **schläft**.“ Terentia (meint): „Was? ~~Beeil dich~~ **Beeilt euch**! Essen, Wein und Wasser müssen auf dem Tisch sein.“ Da verzweifelt Tiro.

Lektion 3

Übungen | Abschlusstest

W **1.** a.

Fremdwort	lateinisches Wort	deutsche Bedeutung(en)
der Egoist	ego	ich
die Kur	curare	sich kümmern (um), sorgen (für); pflegen
der Amateur	amare	lieben, (gerne) mögen
spektakulär	spectare	(an)schauen, betrachten
das Verb	verbum	das Wort

b.

enim	denn, nämlich	**puella**	das Mädchen
tandem	endlich, schließlich	quis?	wer?
tu	du	quaeso	(ich) bitte
tacere	still sein, schweigen; verschweigen	autem	aber, jedoch
semper	immer	**fabula**	die Geschichte, die Erzählung; das Theaterstück
docere	lehren, beibringen, unterrichten	narrare	erzählen, berichten
bene	gut	**rogare**	fragen; bitten (um)
respondere	antworten	monere	(er)mahnen, erinnern
laudare	loben		

G1 **2.** a. laudamus → laudo dt.: ich lobe
sedes → sedetis dt.: ihr sitzt (da)
dormiunt → dormit dt.: er/sie/es schläft

b.

Puella et ego	venio.	Ich komme.
Tu et amica	rident.	Die (Haus-)Herren lachen.
Domini	narramus.	Das Mädchen und ich erzählen.
Ego	laborat.	Der/Ein Sklave arbeitet.
Servus	gaudetis.	Du und die/deine Freundin freut euch.
Tu	audis.	Du hörst.

G2 **3.** (**Dominus**/~~Dominum~~) (~~servi~~/**servos**) laudat.
Der/Ein Herr lobt die Sklaven.
(**Servae**/~~Servas~~) (~~cibus~~/**cibum**) curant.
(Die) Sklavinnen kümmern sich ums Essen.
(**Severus**/~~Severum~~) (~~amici~~/**amicos**) (~~fabula~~/**fabulam**) docet.
Severus lehrt die Freunde eine Geschichte.

Übungen | **Abschlusstest**

Severus Rufu**m** et Quintu**m** monet: „Tandem veni**tis**! Hic esse debe**tis**!“ Tum Rufus: „Magister, Quintus et ego iam intr**amus** et …“ Severus: „Tacere de**bes**, Rufe! Et tu, Quinte, responde! Quid est PHILOSOPHOS?“ Sed Quintu**s** tac**et**. Tum Scintilla: „Ego respond**eo**: PHILOSOPHOS est amic**us** sapientiae.“ Magister Scintill**am** laudat: „Bene! Gaudeo!

Severus ermahnt Rufus und Quintus: „ Endlich kommt ihr! Ihr müsst hier sein!“ Darauf (meint) Rufus: „(Herr) Lehrer, Quintus und ich treten schon ein und …“ Severus (unterbricht): „Du musst still sein, Rufus! Und du, Quintus, antworte! Was ist ein PHILOSOPH?“ Doch Quintus schweigt. Darauf (ruft) Scintilla: „Ich antworte: Ein PHILOSOPH ist ein Freund der Weisheit.“ Der Lehrer lobt Scintilla: „Gut! Ich freue mich.“

Lektion 4

Übungen | Abschlusstest

W **1.** a.

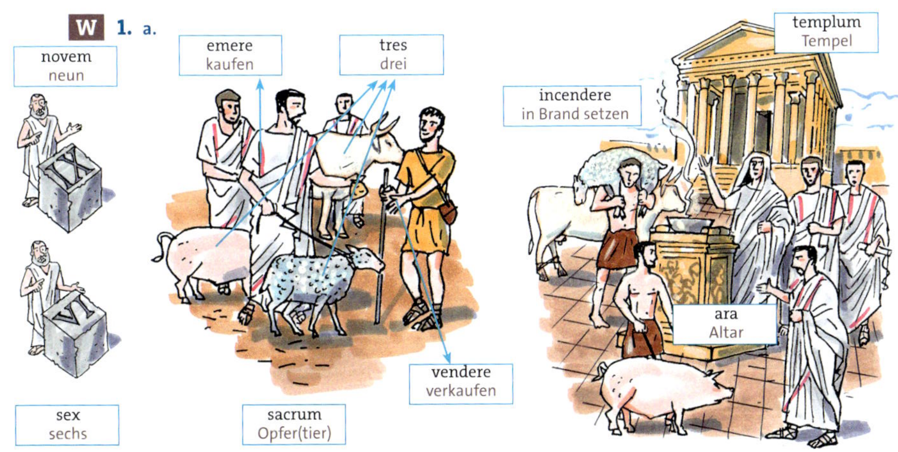

b.

	f	a	**c**	e	r	e				
		s	**i**							
			c	u	p	e	r	e		
	i	t	**e**	r	u	m				
	c	e	**r**	t	e					
i	g	n	**o**	r	a	r	e			

Lösungswort: CICERO

W **2.** die Göttin **dea** | haben, halten **habere**
fürchten, sich fürchten; Angst haben **timere**
der Gott **deus** | tausend **mille**

W G1 **3.** dico → dicimus wir sagen, sprechen, reden → dicunt sie sagen, sprechen, reden → dicit er/sie/es sagt, spricht, redet
colimus → colo ich bebaue, pflege; verehre → colis du bebaust, pflegst; verehrst → colitis ihr bebaut, pflegt; verehrt
poscunt → poscit er/sie/es fordert → posco ich fordere → poscimus wir fordern

G2 **4.** a.

Infinitiv	1. P. Sg.	3. P. Pl.
emere	**emo**	**emunt**
cupere	cupio	**cupiunt**

b. Die Formen mit i-Erweiterung unterscheiden sich von den übrigen Verben der konsonantischen Konjugation in der 1. P. Sg. und der 3. P. Pl. – der Stamm ist bei ihnen durch ein kurzes *-i-* erweitert.

Übungen | Abschlusstest

Ibi arae sunt, ubi Romani deos et deas colunt. Hic sacra facere cupiunt. Etiam familia Ciceronis deos timet, itaque sacrum emit. Cicero templum non ignorat, ibi dicit: „O Iuppiter, cura Terentiam, Marcum, Tulliam, Quintum!" Tum sacrum incendit.

Dort gibt es Altäre, wo die Römer (die) Götter und Göttinnen verehren. Hier wollen sie opfern. Auch Ciceros Familie fürchtet die Götter, deshalb kauft sie ein Opfer. Cicero kennt den Tempel gut, dort spricht/sagt er: „Jupiter, sorge für Terentia, Marcus, Tullia und Quintus!" Dann setzt er das Opfer in Brand.

Übungen | Abschlusstest

W **1.** a. Per favore **chiudere** (claudere) la **porta** (porta); Information: Die Tür soll geschlossen werden.
Oggi nel **teatro** (theatrum); Information: Heute gibt es im Theater ...
La bella e la **bestia** (bestia); Information: Titel des Theaterstücks „Die Schöne und das Biest"

b. *waagerecht:* vita: das Leben, die Lebensweise/videre: sehen; incipere: anfangen, beginnen/ego: ich (L3) / retinere: zurückhalten, behalten, festhalten/filius: der Sohn/liberi: die Kinder/effugere: (jemandem) entkommen/mercator: der Händler, der Kaufmann
senkrecht: ludus: das Spiel; die Schule; *Pl.* die (Zirkus-)Spiele/abesse: fort sein, weg sein; fehlen/adesse: da sein; helfen/esse: sein/clamor: der Schrei; das Geschrei; der Lärm/turba: die (Menschen-)Menge; das Durcheinander, das Gedränge/Romanus: der Römer (L4)

L	D	G	B	H	C	S	U	R	T	S	R	A	D	E	M	X
M	V	I	T	A	M	W	V	E	R	J	T	D	F	U	E	X
F	J	L	D	T	R	F	M	O	S	U	B	E	V	C	W	Q
M	C	M	R	Q	V	I	D	E	R	E	F	S	K	L	H	U
H	D	R	Y	Y	A	X	W	T	X	C	X	S	D	A	Q	H
G	A	N	I	N	C	I	P	E	R	E	K	E	S	M	I	J
K	B	U	N	E	P	Y	D	H	L	X	N	E	G	O	J	K
C	E	S	F	R	E	T	W	S	O	L	W	N	N	R	H	R
E	S	C	W	I	R	E	T	I	N	E	R	E	Y	A	W	O
I	S	H	X	N	R	M	F	E	F	E	T	V	V	Q	H	M
W	E	S	F	H	K	T	H	Z	Z	F	K	E	I	T	S	A
P	B	K	V	F	I	L	I	U	S	K	F	S	P	U	J	N
L	N	E	T	Z	U	B	B	U	Q	Q	U	S	M	R	O	U
U	R	D	T	N	L	I	B	E	R	I	D	E	P	B	W	S
D	U	K	R	U	X	Q	D	S	A	D	O	X	O	A	J	K
U	M	L	Z	S	E	F	F	U	G	E	R	E	G	Z	Y	M
S	J	N	L	Q	L	B	L	P	M	E	R	C	A	T	O	R

W G1 **2.** a. (**Fur**/~~Furem/Fures~~) semper effugere cupit. — Der/Ein Dieb will immer entkommen.
Puellae (~~amor~~/**amorem/amores**) laudant. — (Die) Mädchen loben die Liebe / (die) Liebesbeziehungen.
Romani (~~dolor~~/**dolorem/dolores**) non timent. — (Die) Römer fürchten (den) Schmerz/(die) Schmerzen nicht.

b. Derjenige, der im Senat (*senatus*) den Sitzungen beiwohnt, heißt auf Latein **senator**, derjenige, der mit dem Schwert (*gladius*) kämpft, heißt auf Latein **gladiator** und der, der Waren (*merces*) verkauft, wird als **mercator** bezeichnet.

G2 **3.** Dei sunt/Sunt dei, sed eos non videmus./Terentia, Scintilla, ubi estis?/Non iam ades.

Übungen | **Abschlusstest**

a.

Nom. Sg.	Nom. Pl.	Akk. Sg.	Akk. Pl.
mercator	mercatores	mercatorem	mercatores
senator	senatores	senatorem	senatores
fur	fures	furem	fures
gladiator	gladiatores	gladiatorem	gladiatores

b. Vor dem Theater sitzt ein Händler und verkauft Speisen. Aber plötzlich schreit die Menschenmenge. (Die) Senatoren rufen: „Seht! Hier sind drei Diebe!" Cicero (denkt): „Immer und überall gibt es Diebe ..." Dann ruft er laut: „Schließt die Eingänge! So halten wir die Diebe zurück." Zufällig sind Gladiatoren da, sie schließen die Eingänge. Aber die Diebe sind schon fort.

Lektion 6

Übungen | Abschlusstest

W **1.**

tertime	ratoro	pilecexar	mamfla	olsuc	rocerucer
mittere	orator	explicare	flamma	locus	occurrere
schicken; loslassen, laufen lassen; werfen	der Redner	erklären	die Flamme	der Ort, der Platz, die Stelle	entgegenlaufen, -treten, begegnen

rade	irseteres	regea	purne	timtas	pextacsere	numdon
dare	resistere	agere	nuper	statim	exspectare	nondum
geben	sich widersetzen, Widerstand leisten	tun; handeln, verhandeln; treiben	neulich	sofort, auf der Stelle	warten (auf), erwarten	noch nicht

romfu	perporipaquan	hucda	sespo	lirenerque	fegeru
forum	appropinquare	adhuc	posse	relinquere	fugere
das Forum, der (Markt-) Platz, das Stadtzentrum	sich nähern, näher kommen	bis jetzt, immer noch	können; vermögen	verlassen, zurücklassen	fliehen (vor); meiden

G1 **2.** a. dominae – rogatis – furem – senatori – subito – filio – colis – gladiatores – ego – mercatoribus – bestiam – quaeso – puellis – ludi – liberos – moneo – amicum – me

b. Servus dominis/senatoribus/filiis/mercatori/puellae aquam dat.
Der Sklave gibt den Herrinnen/den Senatoren/den Söhnen/dem Händler/dem Mädchen Wasser.

G2 **3.** a. und b.

„Severus imperare non iam ...	potestis	←	retinetis
Liberi otio se dare ...	possumus	←	agimus
Ego dormire ...	potes	←	exspectas
Amici, tandem venire ...!	potest	←	explicat
Tu, Scintilla, puellas invitare ...	possum	←	fugio
Et nos ludos spectare ..."	possunt	←	resistunt

c. „Severus kann nicht mehr befehlen. Die Kinder können ihre Freizeit genießen. Ich kann schlafen. Ihr könnt endlich kommen, Freunde! Du, Scintilla, kannst Mädchen einladen. Und wir können uns die Spiele anschauen."

Übungen | **Abschlusstest**

Satz 1

a. Marcus und Quintus beeilen sich ~~dem Wort~~/*den Worten* der Terentia zu gehorchen und ~~der Familie des Freundes~~/***dem Freund der Familie***/~~den Freunden der Familie~~ Speisen zu bringen.

b. verbis: Dativ Plural von verbum: den Worten; amico: Dativ Singular von amicus: dem Freund, familiae: Genitiv Singular von familia: der Familie = dem Freund der Familie

Satz 2

a. Aber ~~die Kinder begegnen einem Senator ...~~/***ein Senator begegnet den Kindern*** und er ruft: „Die Kurie brennt. ~~Wir können uns/Ich kann mich~~/***Ihr könnt euch*** dem Forum nicht nähern. Noch können wir flüchten."

b. senator: Nominativ Singular von senator: der/ein Senator, liberis: Dativ Plural von liberi: den Kindern, occurrit 3. Person Singular Präsens: er/sie/es begegnet = ein Senator begegnet den Kindern; potestis: 2. Person Plural Präsens: ihr könnt (euch)

Lektion 7

Übungen | Abschlusstest

W 1.

frustra	vergeblich, umsonst	credere	glauben; vertrauen
signum	das Zeichen; das Feldzeichen	petere	(er)bitten; verlangen, streben nach, erreichen wollen; aufsuchen; angreifen
studere	sich bemühen, (tun) wollen; sich (wissenschaftlich) beschäftigen mit, studieren	honor	die Ehre; das Ehrenamt
servare	retten (vor); bewahren, beschützen	forte	zufällig
praemium	die Belohnung, der Lohn; der Preis	comprehendere	ergreifen, festnehmen, erfassen
vincere	siegen, besiegen	denique	schließlich
taberna	der Laden; das Wirtshaus	auctor	die Urheber, der Gründer, der Schriftsteller
intellegere	erkennen, verstehen	vox	die Stimme; das Wort
vix	kaum, nur mit Mühe	incendium	der Brand, das Feuer
convincere	überführen	sollicitare	beunruhigen, erregen

G1 2. a.

	1	2	3	4	5
Nom. Sg.	dominus	puella	senex	adulescens	mercator
Gen. Sg.	domini	puellae	senis	adulescentis	mercatoris
Gen. Pl.	dominorum	puellarum	senum	adulescentium	mercatorum

b. Servus equos domini, puellae, senis, adulescentis, mercatoris curat.
Der Sklave kümmert sich um die Pferde *des Hausherrn*, des Mädchens, des alten Mannes, des jungen Mannes und des Händlers.

G2 3. clamorem – peto – senes – adulescentibus – estis – auctori – loci – vocis – aras – fures

Nominativ Singular = Wortstamm	
clamor	der Schrei; das Geschrei; der Lärm
auctor	der Urheber, der Gründer, der Schriftsteller
fur	der Dieb/die Diebin

Nominativ Singular ≠ Wortstamm	
senex	der alte Mann, der Greis
adulescens	der Jugendliche, der junge Mann
vox	die Stimme; das Wort

Übungen | Abschlusstest

a. Familia **senatoris** Circum Maximum petit. Praemium **liberorum** est, nam semper magistro parent et negotiis student. Nunc clamor **turbae** equos sollicitat. Subito equi **Fortunati** fugiunt. Statim clamat: „Me servate!" Tandem servi equos **adulescentis** comprehendere possunt. Quis vincit? Eutychus! Tum familia vocem **amici** audit: „Venite mecum! Cenare cupio." Denique tabernam intrant.

b. Die Familie des Senators sucht den Circus Maximus auf. Es ist eine Belohnung für die Kinder, denn immer gehorchen sie dem Lehrer und bemühen sich um ihre Aufgaben. Jetzt beunruhigt das Geschrei der Menschenmenge die Pferde. Plötzlich laufen die Pferde des Fortunatus weg. Sofort ruft er: „Rettet mich!" Endlich können Sklaven die Pferde des jungen Mannes ergreifen. Wer siegt? Eutychus! Da hört die Familie die Stimme eines Freundes: „Kommt mit mir! Ich möchte essen." Schließlich betreten sie ein Wirtshaus.

Lektion 8

Übungen | Abschlusstest

W 1.

E	P	A	L	D	E	C	E	D	E	R	E	A
S	O	L	U	M	F	A	L	I	C	E	T	F
D	P	M	E	X	E	R	C	E	R	E	N	F
O	U	Q	U	A	L	E	B	A	R	M	A	I
M	L	U	B	F	E	R	R	U	M	S	L	C
U	U	O	S	E	R	E	C	R	E	A	R	E
M	S	Q	L	A	B	O	R	N	A	F	O	R
G	A	U	D	I	U	M	U	N	D	R	A	E
S	T	E	L	C	I	S	U	M	E	D	O	L

se	sich *(Akk.)*
recreare	erholen
domum	heim, nach Hause
decedere	(weg-)gehen; sterben
solum	nur
quoque	auch
populus	das Volk
ferrum	das Eisen; die Waffe, das Schwert
liberare	befreien

carere	entbehren, nicht haben; frei sein (von)
raro	selten
arma	die Waffen
afficere	versehen (mit)
exercere	üben, trainieren
labor	die Arbeit, die Mühe
gaudium	die Freude
licet	es ist (jemandem) möglich (, zu tun); es ist (jemandem) erlaubt (, zu tun)

G1 **2.**

corpore		suppliciis	gladio			vulneribus		fabulis
corporibus	claudo	**supplicio**	**gladiis**	forte	clamoris	**vulnere**	subito	**fabula**
mit dem Körper		mit den Gebeten/ durch die Strafen	mit dem Schwert/ durch das ...			mit den Wunden		mit den Geschichten/ durch die Erzählungen

G2 **3.** Der Gladiator
– widersetzt sich mit Waffen. 1
– hat keine Waffen. 2
– siegt mit den Waffen. 3
– freut sich über die Waffen. 4

G3 **4.**

vulnera (Nom. Pl.)
corpori (Dat. Sg.)
vulnus (Nom. Sg.)
corporum (Gen. Pl.)
vulneribus (Dat. Pl.)

vulnerum (Gen. Pl.)
corpus (Akk. Sg.)
vulneris (Gen. Sg.)
corporibus (Dat. Pl.)
vulnera (Akk. Pl.)

vulneribus (Dat. Pl.)
corpore (Abl. Sg.)
vulneri (Dat. Sg.)
corpora (Akk. Pl.)
vulneribus (Abl. Pl.)

Übungen | Abschlusstest

a.

Abl. Sg.	**honore**	signo	**gladio**	fabula	**vulnere**
Abl. Pl.	honoribus	**signis**	gladiis	**fabulis**	vulneribus

b. Dum Severus liberos docet, Rufus sedet et oscitat et ... dormit ... et – gladiator est! Arenam intrat. Turba adulescentem clamore salutat. Rufus ridet: „Populus me gaudio et **honore** afficit. Puellas amore incendo." Subito Cicatricosus appropinquat. Rufum videt et desperat: „Rufus semper armis vincit. Nam **gladio** se exercet. Itaque timeo et domum effugere cupio." Tum Severus vocat: „O Rufe, ... non licet otio se dare!" Rufus vocem Severi audit. „Nunc negotia cura! Nunc verba audi et responde!"

Während Severus die Kinder unterrichtet, sitzt Rufus da und gähnt und ... schläft ... und – ist ein Gladiator! Er betritt die Arena. Die Menschenmenge begrüßt den jungen Mann mit Geschrei. Rufus lacht: „Das Volk erfreut und ehrt mich. Ich entfache bei den Mädchen Liebe." Plötzlich nähert sich Cicatricosus. Er sieht Rufus und verzweifelt: „Rufus siegt immer mit den Waffen. Denn er trainiert mit dem Schwert. Deshalb habe ich Angst und möchte nach Hause fliehen." Dann ruft Severus: „Rufus, ... es ist nicht erlaubt sich auszuruhen!" Rufus hört die Stimme des Severus. „Jetzt kümmere dich um deine Aufgaben! Jetzt höre auf die Worte und antworte!"

Lektion 9

Übungen | Abschlusstest

W **1.**

sermo	das Gespräch; die Sprache
oculus	das Auge
abdere	verstecken, verbergen
mutare	ändern, wechseln, verwandeln
stare	stehen, dastehen
vicus	die Gasse; das Dorf
timor	die Angst, die Furcht
plebs	das (einfache)Volk

habitare	wohnen, bewohnen
currere	laufen, rennen
amittere	verlieren
vestis	das Kleid, die Kleidung
pecunia	das Geld
tunica	Untergewand der Römerin und des Römers
toga	Obergewand eines römischen Bürgers
consul	hoher römischer Beamter

W G1 **2.** a. adetiamsubetsineiamnumcumtupereniminbenedestatimpostnonexdumsunt superforte

ad	zu (... hin); bei, an; nach	sine	ohne	super	über	post	nach; hinter
ex	aus, aus ... heraus, von ... her; seit	cum	(zusammen) mit	per	durch (... hindurch), über	in	in, an, auf, bei *(wo?)*
in	in (... hinein); auf; nach (... hin); gegen *(wohin?)*	sub	unter *(wohin?)*	de	von ... herab; von, über; um/wegen	sub	unter *(wo?)*

b. 1 ad lectum – zum Bett (hin);
2 super lectum – über dem/das Bett;
3 de lecto – von dem Bett herab

G2 **3.** a.

Mus in lectum currit. Die Maus läuft ins Bett.
Mus in lecto est. Die Maus ist/befindet sich im Bett.
Mus sub lectum currit. Die Maus läuft unter das Bett.
Mus sub lecto est. Die Maus ist/befindet sich unter dem Bett.

b. Individuelle Lösung

Übungen | Abschlusstest

a. hic – cum – raro – de – per – nam – in – tum – super – ex – vix – ad – sub – cur – post – sine

b. Priscus gladiator **super** tabernam habitat. **Post** labores ludi domum venit et cubiculum intrat. Subito clamat. Nunc post lectum, nunc sub lecto se abdit. Denique **ex** cubiculo **in** vicum fugit et plebem sollicitat: „Me servate! Bestia per cubiculum currit!" E timore se non recreat. Adulescentes forte appropinquant. Ad portam cubiculi stant et oculos in lectum gladiatoris vertunt. Tum rident, nam ibi mus sedet.

c. Der Gladiator Priscus wohnt über einem Wirtshaus. Nach den Mühen des Gladiatorenkampfes kommt er nach Hause und betritt das Schlafzimmer. Plötzlich schreit er. Jetzt versteckt er sich hinter dem Bett, jetzt unter dem Bett. Schließlich flüchtet er aus dem Schlafzimmer auf die Gasse und beunruhigt das Volk: „Rettet mich! Eine wildes Tier läuft durch mein Schlafzimmer!" Von der Angst kann er sich nicht erholen. Junge Männer nähern sich zufällig. Sie stehen an der Tür des Schlafzimmers und wenden die Augen zum Bett des Gladiators. Dann lachen sie, denn dort sitzt eine Maus.

Lektion 10

Übungen | Abschlusstest

W **1.** itaque/prodesse/poena/parentes/paene/tamen/studium/donum/ab/nihil/libertas/haud/ut/diligere/fortuna/convenire/libenter/gratia/possidere/domi

lateinisches Wort	deutsche Bedeutung(en)
parentes	die Eltern
itaque	daher, deshalb
donum	das Geschenk
libertas	die Freiheit
fortuna	das Schicksal; das Glück
gratia	der Dank; die Anmut
diligere	lieben, (sehr) schätzen
libenter	gern
paene	beinahe, fast
possidere	besitzen
convenire	passen; zusammenkommen; treffen
domi	daheim, zu Hause
ut	wie
nihil	nichts
tamen	dennoch, jedoch
haud	nicht
ab	von, von...her, von...weg
poena	die Strafe
studium	die Bemühung, das Streben; die (wissenschaftliche) Beschäftigung
prodesse	nützen

G1 W **2.** a me – vix – haud – nos – itaque – tu – vos – ubi – me – nos – paene – te – vos – post – mihi – nobis – a vobis – tibi – vobis – raro – mecum – a te – iam – a nobis – ab – tecum – nihil – vobiscum – tamen – nobiscum

	1. P. Sg.		1. P. Pl.		2. P. Sg.		2. P. Pl.	
Nominativ	ego	ich	nos	wir	tu	du	vos	ihr
Dativ	mihi	mir	nobis	uns	tibi	dir	vobis	euch
Akkusativ	me	mich	nos	uns	te	dich	vos	euch
Ablativ	a me/ mecum	von mir/ mit mir	a nobis/ nobiscum	von uns/ mit uns	a te/ tecum	von dir/ mit dir	a vobis/ vobiscum	von euch/ mit euch

G2 W **3.** a. Dat. Pl. m.: eis/iis; Dat. Sg. m.: ei; Gen. Sg. m.: eius; Akk. Pl. m.: eos: Akk. Sg. f.: eam; Dat. Pl. m.: eis/iis

b. Phila non laborat. Itaque Terentia eam monet.
Phila arbeitet nicht. Deshalb ermahnt Terentia sie.
Nunc amici adsunt. Cicero eos salutat.
Nun sind die Freunde da. Cicero begrüßt sie.
Cicero cum amicis sermonem habet et eis/iis de Tirone narrat.
Cicero spricht/führt ein Gespräch mit den Freunden und erzählt ihnen von Tiro.
Cicero Tironem laudat et ei libertatem dat.
Cicero lobt Tiro und schenkt ihm die Freiheit.
Marcus et eius parentes gaudent. Tiro eis/iis gratias agit.
Marcus und seine Eltern freuen sich. Tiro dankt ihnen.

Übungen | **Abschlusstest**

a. „Multi servi semper laborare debent. Ii servi se recreare non possunt. Semper tacere debent. Dominus eos saepe monet. Dominus imperat, servi parent. Servae dominae parere debent. Si non parent, dominae licet eas poena afficere. Ego quoque servus sum. Tu non dominus, sed amicus es, Cicero. Ego tibi non solum in orationibus, sed etiam in studiis libenter adsum. Tu mihi semper ades et otium das. Ego semper sermonem tecum habere possum. Itaque te diligo et gratias tibi ago."

b. Viele Sklaven müssen immer arbeiten. Diese Sklaven können sich nicht erholen. Sie müssen immer schweigen. Der Herr ermahnt sie oft. Der Herr befiehlt, die Sklaven gehorchen. Die Sklavinnen müssen der Herrin gehorchen. Wenn sie nicht gehorchen, ist es der Herrin erlaubt, sie zu bestrafen. Auch ich bin ein Sklave. Du bist kein Herr, sondern ein Freund, Cicero. Ich helfe dir nicht nur bei deinen Reden, sondern auch bei deinen wissenschaftlichen Beschäftigungen/Arbeiten gern. Du hilfst mir immer und gibst mir freie Zeit. Ich kann immer mit dir reden. Deshalb schätze ich dich sehr und danke dir.

ii → Demonstrativpronomen (dieser, diese, dieses)
eos → Personalpronomen der 3. Person (er, sie, es)
eas → Personalpronomen der 3. Person (er, sie, es)

Lösungen

Lektion 11

Übungen | Abschlusstest

W **1.**

D	E	S	I	N	E	R	E	T	C	R	M
E	P	U	E	R	B	C	M	M	O	S	U
P	U	M	A	L	U	S	R	A	G	M	L
O	L	E	H	O	D	I	E	G	N	E	T
N	C	R	M	I	S	E	R	N	O	M	I
E	H	E	F	P	A	R	V	U	S	O	A
R	E	U	C	U	S	T	O	S	C	R	V
E	R	T	E	M	P	U	S	O	E	I	I
M	A	G	I	S	T	E	R	E	R	A	R
P	E	R	I	C	U	L	U	M	E	M	B
B	O	N	U	S	C	I	A	C	E	R	E

waagerecht: desinere – ablassen, aufhören/puer – der Junge, der Bub/mos – die Sitte, der Brauch; *Pl. auch:* der Charakter/malus – böse, schlecht, schlimm/hodie – heute/miser – arm, unglücklich, erbärmlich/parvus – klein; gering/custos – der Wächter/tempus – die Zeit/ periculum – die Gefahr/bonus – gut/iacere – liegen

senkrecht: pulcher – schön/sumere – nehmen/magnus – groß; wichtig/cognoscere – kennenlernen, erkennen; erfahren/memoria – die Erinnerung; das Gedächtnis/multi – viele/ vir – der Mann

W G1 **2.** a. puellas bonas/multas – (die) gute(n) Mädchen/viele Mädchen (Akk. Pl.)
amicarum bonarum – der guten/guter Mädchen (Gen. Pl.)
amici parvi/boni – (die) kleine(n) / gute(n) Freunde (Nom. Pl.); des/eines kleinen/guten Freundes (Gen. Sg.)
periculo magno – der/einer großen Gefahr; durch die/eine große Gefahr (Dat. Sg.; auch Abl. Sg.)
mercatorem malum – den/einen schlechten Händler (Akk. Sg.)
senatores parvi/boni/malos – (die) kleine(n) / gute(n) Senatoren (Nom. Pl.); (die) schlechte(n) Senatoren (Akk. Pl.)
parentium malorum – der schlechten/schlechter Eltern (Gen. Pl.)
cum custodibus bonis – mit (den) guten Wächtern (Abl. Pl.)
curiae magnae – der großen Kurie (Gen. Sg. und Dat. Sg.); (die) große(n) Kurien (Nom. Pl.)
memoriam bonam – das gute/ein gutes Gedächtnis (Akk. Sg.)
oratoris parvi/boni – des/eines kleinen/guten Redners (Gen. Sg.)
vestes bonas/multas /magnae – (die) gute(n) Kleider/viele Kleider (Akk. Pl.); (die) große(n) Kleider (Nom. Pl.)

b. Bei *puellas, amici, senatores, oratoris* und *vestes* sind mehrere Lösungen möglich.

W G2 **3.** a. und b.
In thermis **pueri** togas **pulchras** deponunt.
Puer magistrum videt.
Magister liberos **miseros** monet, sed **magistro** non parent.
Pueri virum cognoscunt.
Adulescentes cum **viro** sermonem habent.
Subito **vir** e thermis properat.
Amici **miseri puerorum** in periculo sunt.

Übungen | **Abschlusstest**

a. *Verwendung als Prädikatsnomen;* Verwendung als Attribut
Marcus et Quintus in thermis sunt. *Thermae magnae* sunt. Ibi multi homines se recreant, pueri parvi et puellae parvae magna voce clamant, adulescentes pulchri in palaestra se exercent, custodes fures malos comprehendunt, magister pueros miseros docet. Ibi Cratinus quoque est. Ibi amici magno in periculo sunt.

b. Marcus und Quintus sind in den Thermen. Die Thermen sind groß. Dort erholen sich viele Menschen, kleine Jungen und kleine Mädchen schreien mit lauter Stimme, schöne junge Männer trainieren auf dem Sportplatz, Wächter ergreifen böse Diebe und der/ein Lehrer unterrichtet (die) unglückliche(n) Jungen. Auch Cratinus ist dort./Dort ist auch Cratinus. Dort sind die Freunde in großer Gefahr.

Lektion 12

Übungen | Abschlusstest

W **1.** a.

lat. Wort	dt. Bedeutung(en)	lat. Wort	dt. Bedeutung(en)
arcessere	herbeirufen, holen, holen lassen	scire	wissen, kennen
ita	so	bibere	trinken
quaerere	suchen; *(e/ex)* (jemanden) fragen	maritus	der Ehemann, der Gatte
mulier	die (erwachsene) Frau	copia	die Menge, der Vorrat; *Pl. auch:* die Truppen
pugnare	kämpfen	parare	bereiten; vorbereiten; erwerben; *(m. Inf.)* vorhaben (, zu tun)
vinculum	die Fessel	descendere	herabsteigen, hinabsteigen
modus	die Art, die Weise; das Maß	invenire	finden, auffinden; erfinden

b. Populus arma **mira** gladiatorum spectat.
Fur **scelus** parat.
Pueri verba magistri **saepe** intellegunt.

W G1 **2.** a.–c.

Nunc Cratinus, cuius habitatio in Subura est, in tabernam descendit.
KNG: Genitiv, Singular, maskulin
Übersetzung: Nun steigt Cratinus, dessen Wohnung in der Subura liegt/ist, in das Wirtshaus hinab.

Taberna, quam Cratinus petit, parva est.
KNG: Akkusativ, Singular, feminin
Übersetzung: Das Wirtshaus, das Cratinus aufsucht, ist klein.

Puellae tabernam, in qua Cratinus saepe bibit, petunt.
KNG: Ablativ, Singular, feminin
Übersetzung: Die Mädchen suchen das Wirtshaus auf, in dem Cratinus oft trinkt.

Donum, quod puellae Cratino dant, pulchrum est.
KNG: Akkusativ, Singular, neutrum
Übersetzung: Das Geschenk, das die Mädchen Cratinus geben, ist schön.

Gladiator, cui puellae donum dant, saepe in taberna bibit.
KNG: Dativ, Singular, maskulin
Übersetzung: Der Gladiator, dem die Mädchen das Geschenk geben, trinkt oft im/in dem Wirtshaus.

G2 **3.** Fannia liberos, **quos** videt, ignorat. Ex liberis quaerit: „Num Cratinum quaeritis? Saepe in tabernis, in **quibus** amicos convenit, est." Liberi, **quorum** amici non adsunt, ei respondent. Liberi, **quibus** Fannia occurrit, habitationem Cratini intrare cupiunt. Sed Fannia de Cratino narrare non desinit. Ita mulieres sunt, **quae** Cratinum amant.

Fannia kennt die Kinder, die sie sieht, nicht. Sie fragt die Kinder: „Sucht ihr etwa Cratinus? Er ist oft in Wirtshäusern, in denen er Freunde trifft." Die Kinder, deren Freunde nicht anwesend sind, antworten ihr. Die Kinder, denen Fannia begegnet, wollen Cratinus' Wohnung betreten. Aber Fannia hört nicht auf, von Cratinus zu erzählen. So sind Frauen, die Cratinus mögen.

Übungen | **Abschlusstest**

Marcus und Quintus eilen/gehen schnell aus den großen Thermen (heraus) und suchen ihre Freunde, die in der Subura sind. Denn die Wohnung von Cratinus, den sie nicht mögen, ist/liegt in der Subura. Aber sie können die Freunde, die sie suchen, nicht finden. Marcus (sagt): „Wir müssen die Wohnung von Cratinus, der ein böser Mann ist, finden …"

Übungen | Abschlusstest

W **1.** a.

Fremdwort	lat. Wort	dt. Bedeutung(en)
Zum Glück konnte die Person nach dem Unfall von den Rettungskräften reanimiert werden.	animus	der Geist, die Gesinnung; der Sinn; der Mut
uno	unus	ein(er), ein einziger
das Indiz	indicium	der Beweis
padre	pater	der Vater
komponieren	componere	zusammenstellen; verfassen; ordnen
urban	urbs	die Stadt, die Großstadt; die Hauptstadt

b.

reprehendere	tadeln, kritisieren	accedere	herbeikommen, herantreten, sich nähern
diu	lange (Zeit)	sceleratus	verbrecherisch, frevelhaft; *Subst.* der Verbrecher
clarus	berühmt, klar	pergere	fortsetzen (zu tun); weitermachen; aufbrechen
magis	mehr	perdere	vernichten, umbringen; verderben; verlieren
ergo	also, folglich	oratio	die Rede
via	der Weg, die Straße		
quam *(bei Vergleichen)*	als		

G1 **2.** a. **tacui**, **docuistis**, properas, **monuerunt**, narrant, **servavisti**, **audivimus**, laudas, **scivit**

b.

v-Perfekt	u-Perfekt
servavisti	tacui
audivimus	docuistis
scivit	monuerunt

c. tacui: 1. Person, Singular; ich war still/habe geschwiegen/verschwiegen
docuistis: 2. Person, Plural; ihr habt gelehrt/beigebracht/unterrichtet
monuerunt: 3. Person, Plural; sie haben gemahnt/ermahnt/erinnert
servavisti: 2. Person, Singular; du hast gerettet/bewahrt/beschützt
audivimus: 1. Person, Plural; wir haben gehört/angehört
scivit: 3. Person, Singular; er/sie/es hat gewusst/gekannt

G2 **3.** a. laudo: a-Konjugation
paras: a-Konjugation
colo: konsonantische Konjugation
petimus: konsonantische Konjugation
cupit: konsonantische Konjugation mit i-Erweiterung
adest: Sonderkonjugation esse
possunt: Sonderkonjugation posse
audiunt: i-Konjugation
monetis: e-Konjugation

b.

v-Perfekt	u-Perfekt	unregelmäßig
laudavi	colui	affuit
paravisti	monuistis	potuerunt
petivimus		
cupivit		
audiverunt		

Übungen | Abschlusstest

Cicero (sagt): „Ich tadle die Kinder. Sie hatten im Sinn, Cratinus zu suchen. Heimlich suchten sie die Subura auf und betraten Cratinus' Wohnung. Sie waren in großer Gefahr."
Tiro (sagt): „Du musst ihnen danken. Lange Zeit konntest du die Verbrecher, die Rom vernichten wollen, nicht überführen. Aber die Kinder konnten Beweise finden. Nun/Jetzt können wir eine Rede verfassen und fahren fort damit, den Römern zu helfen./helfen den Römern weiterhin.

Lektion 14

Übungen | Abschlusstest

W **1.**

Subjunktion	Adjektiv	Substantiv	Verb
quia weil	saevus wild, wütend, grimmig	fames der Hunger; hospes der Gast; der Gastgeber; mater die Mutter; frater der Bruder; cena die (Haupt-) Mahlzeit, das Essen; das Gastmahl; ira der Zorn, die Wut; pax der Friede; coniunx der Ehemann/ die Ehefrau, der Gatte/ die Gattin	nolle nicht wollen; malle lieber wollen; instituere unterrichten; einführen; errichten; placere gefallen; velle wollen; parcere (ver)schonen, sparen; sustinere aushalten, ertragen
Adverb	**Interjektion/ Ausrufewort**		
tam so; quondam einmal, einst	ecce sieh da!, schau!/seht da!, schaut!		

G1 **2.**

Puella accedere vult.	Das/Ein Mädchen will sich nähern/herbeikommen.
Etiam tu venire vis.	Auch du willst kommen.
Servus dominum arcessere non vult.	Der/Ein Sklave will den (Haus-)Herrn nicht herbeirufen/holen.
Etiam nos parentes venire nolumus.	Auch wir Eltern wollen nicht kommen.

G2 **3.** a. Sklaven, holt (den) Wein!
Kinder, trinkt den Wein nicht!/trinkt keinen Wein!
Sondern trinkt Wasser!

b.

Beispiel →	*Plural →*	*Präsens →*	*ersetze durch velle →*	*Perfekt*
placui →	placuimus →	placemus →	volumus →	voluimus
	Singular	Ersetze durch velle	Plural	Präsens
placuerunt	**placuit**	**voluit**	**voluerunt**	**volunt**
	Präsens	Singular	Ersetze durch malle	Perfekt
desiimus	**desinimus**	**desino**	**malo**	**malui**
	Ersetze durch nolle	Präsens	Singular	Perfekt
fuistis	**noluistis**	**non vultis**	**non vis**	**noluisti**

Übungen | **Abschlusstest**

a. Prima luce servi et servae cenam paraverunt. Subito amicas coniugis in horto audiverunt. De pulchra veste certaverunt.
Una clamavit: „Ego pulchram vestem **malo**. Ego veterem vestem non cupivi."
Alia: „Semper pulchras vestes habere **vis**."
Tum coniunx venit: „Nolite certare! Hodie diem festum celebramus, nam nubere **volo**. Nonne celebrare **vultis**? Desinite!"
Amicae desierunt. Iam certare **noluerunt**.
Puellae: „Hodie laetae esse et ridere **volumus**!"

b. Bei Tagesanbruch bereiteten die Sklaven und Sklavinnen das Essen vor. Plötzlich hörten sie die Freundinnen der Ehefrau/Braut im Garten. Sie stritten sich um ein schönes Kleid.
Die eine schrie: „Ich will lieber das schöne Kleid. Ich wollte nicht das alte Kleid haben."
Die andere (antwortete): „Immer willst du die schönen Kleider haben."
Darauf kam die Ehefrau/Braut: „Streitet euch nicht! Heute feiern wir einen Festtag, denn ich will heiraten. Wollt ihr nicht feiern? Hört auf!"
Die Freundinnen hörten auf. Sie wollten sich schon nicht mehr streiten.
Die Mädchen sagten: „Heute wollen wir fröhlich sein und lachen!"

Lektion 15

Übungen | Abschlusstest

W **1.** A4, B11, C8, D1, E6, F13, G2, H7, I9, J10, K3, L12, M5, N14

W G1 **2.** LO**INTELLEXIT**HERTLOA**CONSPEXIMUS**SETCVN**RISI**LPE**PEPERCIT**GFR**CREDIDI**L**ABDIDISTI**ERT**CUCURRERUNT**LOERASRT**PERDIDIT**ASES**DUXERUNT**LONC**SUMPSIT**TS

Reduplikationsperfekt	s-Perfekt
pepercit er/sie/es hat (ver)schont, gespart	intellexit er/sie/es hat erkannt, verstanden, eingesehen
credidi ich habe geglaubt; vertraut	conspeximus wir haben erblickt, gesehen
abdidisti du hast versteckt, verborgen	risi ich habe gelacht (über); ausgelacht
cucurrerunt sie sind gelaufen, gerannt	duxerunt sie haben geführt, gezogen
perdidit er/sie/es hat vernichtet; verdorben; verloren	sumpsit er/sie/es hat genommen

W G2 **3.** a. und b.

vicerunt	☐ Reduplikationsperfekt	☒ Dehnungsperfekt	vincere, vinco, vici: siegen, besiegen
venisti	☒ Dehnungsperfekt	☐ s-Perfekt	venire, venio, veni: kommen
affecit	☐ Reduplikationsperfekt	☒ Dehnungsperfekt	afficere, afficio, affeci: versehen (mit)
reprehendisti	☒ ohne Stammveränderung	☐ Dehnungsperfekt	reprehendere, reprehendo, reprehendi: tadeln, kritisieren
invenerunt	☐ v-Perfekt	☒ Dehnungsperfekt	invenire, invenio, inveni: finden, auffinden; erfinden
vidistis	☐ s-Perfekt	☒ Dehnungsperfekt	videre, video, vidi: sehen
movit	☒ Dehnungsperfekt	☐ v-Perfekt	movere, moveo, movi: bewegen; erregen

Übungen | **Abschlusstest**

a. potuerunt; audiverunt; paruerunt
b. Quintus: „Graeci Italiam non invaserunt, sed oracula Apollinis **audiverunt**, eis **paruerunt**, hic consederunt. In Italia multa loca colere **potuerunt**. Itaque urbes condiderunt, multa theatra, templa pulchra exstruxerunt."

Quintus: „Die Griechen drangen nicht in Italien ein, sondern hörten Apollos Orakel, gehorchten ihnen und ließen sich hier nieder. Sie konnten in Italien viele Orte bebauen. Deshalb gründeten sie Städte, bauten viele Theater und schöne Tempel."

Lektion 16

Übungen | Abschlusstest

W **1.** a.

lat. Substantiv	dt. Bedeutung(en)	Deklination
pecus	das Vieh; *Pl.* die Viehherde	**kons. Dekl.**
ignis	**das Feuer**	**kons. Dekl.**
ager	der Acker, das Feld; *Pl.* das Land	**o-Dekl.**
bellum	**der Krieg**	**o-Dekl.**
nomen	der Name	**kons. Dekl.**
homo	**der Mensch**	**kons. Dekl.**
morbus	die Krankheit	**o-Dekl.**
tectum	**das Haus**	**o-Dekl.**
dolus	die List, die Täuschung	**o-Dekl.**
voluntas	**der Wille**	**kons. Dekl.**

b. vivere leben
fingere formen, gestalten; sich ausdenken, erfinden
antea vorher, früher
alere aufziehen, (er)nähren
terrere (jemanden) erschrecken
tradere übergeben; überliefern
rapere rauben
nescire nicht wissen, nicht kennen

G1 **2.** sie hörten audiebant; wir berührten tangebamus; er/sie/es lief currebat; ich bewegte movebam; ihr erzähltet narrabatis; du kamst veniebas

G1 **3.**

ignorat	ignorabat	er/sie/es wusste nicht/kannte nicht
audimus	audiebamus	wir hörten (an)
moneo	monebam	ich (er)mahnte/erinnerte
cupiunt	cupiebant	sie wünschten (zu tun)/wollten haben/begehrten
agis	agebas	du tatest; (ver)handeltest/triebst

G2 **4.**

	esse	Übersetzung	velle	Übersetzung
vivebant	erant	sie waren	volebant	sie wollten
terrebas	eras	du warst	volebas	du wolltest
certabamus	eramus	wir waren	volebamus	wir wollten

G2 **5.** sie wollten nicht **nolebant**; ihr konntet **poteratis**; ich wollte **volebam**; du warst **eras**; wir wollten lieber **malebamus**; er wollte **volebat**

Übungen | **Abschlusstest**

a. Iuppiter: „Olim homines semper nos deos **timebant**, quia flammae caeli et aquae Oceani eos **terrebant**. Prometheus autem, qui saepe hominibus adesse **studebat**, ignem e caelo arcessivit et hominibus tradere paravit. Mihi ades, fili, et comprehende Prometheum!"

b. Jupiter (sagte): „Einst fürchteten die Menschen uns Götter immer, weil die Flammen/Blitze des Himmels und die Wassermassen des Ozeans sie erschreckten. Prometheus aber, der den Menschen oft helfen wollte, holte das Feuer vom Himmel und nahm sich vor, es den Menschen zu übergeben/bringen. Hilf mir, mein Sohn, und fange Prometheus!"

c. Begründung des Tempus:
timebant, terrebant: Beschreibung einer Situation (Hintergrundtempus);
saepe ... studebat: wiederholte Handlung

Lektion 17

Übungen | Abschlusstest

W **1.** a. Individuelle Lösung
b. resistere|negare|mors|putare|torquere|stare|diligere|instare|tenere|agere|intellegere|aureus|oportet|pergere|vires|servire|iubere|sic
Verben der e-Konjugation: torquere, tenere, oportet, iubere

G1 **2.** a. Prometheus Herculem amicum hominum esse scit.
Prometheus weiß, dass Herkules ein Freund der Menschen ist.

Eurystheus Herculem mala Hesperidum arcessere iussit.
Eurystheus befahl Herkules, die Äpfel der Hesperiden zu holen.

b. Prometheus homines laborare scivit. Beim Übersetzungsvorschlag „Prometheus wusste, dass die Menschen gelitten hatten." wird die Handlung im AcI vor die Handlung des Verbs, von dem der AcI abhängt, gestellt, also Vorzeitigkeit konstruiert. Der Infinitiv Präsens (laborare) drückt im AcI jedoch Gleichzeitigkeit aus. Da das Prädikat (scivit) des Hauptsatzes im Perfekt steht, wird der AcI im Präteritum wiedergegeben. „Prometheus wusste, dass die Menschen litten."

c. „Jupiter sagte, dass ich ein Verbrecher bin/war/sei. Er wollte nicht, dass ich den unglücklichen Menschen (das) Feuer gebe/gab. Aber warum will er nicht, dass die Menschen (das) Feuer haben?"

G2 **3.**

Furi	arma	est.
Deo	ignis	sunt.
Prometheo	vestes	non est.
Hominibus	potentia magna	non sunt.

Der Dieb hat (die) Kleider.
Prometheus hat keine Waffen.
(Der) Gott hat große Macht.
Die Menschen haben kein Feuer.

Übungen | **Abschlusstest**

a. Iuppiter Sisyphum reprehendit: „Sisyphe, te morti imperare velle audivi! Itaque te magna poena afficio: Oportet te in Tartaro tormentis laborare! Non ignoras te nunc gaudio carere, quia voluntatem Iovis neglexisti. Noli veniam exspectare! Iovi magnam potentiam esse memoria tene!"

b. Jupiter tadelt Sisyphus: „Sisyphus, ich habe gehört, dass du über den Tod herrschen/dem Tod Befehle erteilen willst! Deshalb bestrafe ich dich schwer: Es gehört sich, dass du im Tartarus durch Folterwerkzeuge leidest!/Du musst im Tartarus Folter erleiden! Du weißt genau, dass du nun keine Freude (mehr) hast, weil du den Willen Jupiters nicht beachtet hast. Erwarte keine Verzeihung! Behalte im Gedächtnis/Merke dir, dass Jupiter große Macht hat!/über große Macht verfügt!"

Lektion 18

Übungen | Abschlusstest

W 1. a.

deutsches Fremdwort/ englisches Wort	lateinisches Wort	deutsche Bedeutung(en)
sozial	socius, -i m	der Gefährte, der Kamerad; der Bundesgenosse
hour	hora, -ae f	die Stunde
Position	ponere	setzen, stellen, legen (auf)
imponieren	imponere	hineinstellen, auferlegen
counter-attack	contra (m. Akk.)	gegen
konstant	constat	es steht fest, es ist bekannt

b.

nonnulli	einige, manche
procul	in die Ferne, aus der Ferne, fern
umerus	die Schulter
interea	inzwischen
suscipere	aufnehmen; auf sich nehmen, unternehmen
pauci	wenige
necare	töten
profecto	in der Tat, tatsächlich
custodire	bewachen, behüten
saeculum	das Jahrhundert; das Zeitalter

G1 2. Poetae narrant Herculi magnam vim corporis ~~esse~~/**fuisse**.
Hercules non ignorabat Atlantem multa saecula caelum ~~tenere~~/**tenuisse**.

G1 3. Constat Herculem quondam reginae pulchrae ~~servire~~/**servivisse**.
Es ist bekannt, dass Herkules einst einer schönen Königin gedient hat/diente.

Regina: „Non ignoro Herculem me **amare**/~~amavisse~~."
Die Königin (sagte/dachte): „Ich weiß genau, dass Herkules mich liebt."

Sed regina sciebat Herculem iam antea mulieres ~~relinquere~~/**reliquisse**.
Aber die Königin wusste, dass Herkules schon vorher Frauen verlassen hatte.

G2 4. **tres horas** – nonnullas bestias – **pauca saecula** – **nonnullos annos** – multas terras

G2 5. **Multa saecula** poetae de laboribus Herculis narrabant.
Viele Jahrhunderte lang erzählten (die) Dichter von den Arbeiten des Herkules.
Hercules **nonnullos annos** contra bestias saevas pugnabat.
Herkules kämpfte einige Jahre lang gegen wilde Tiere.
Hercules **paucas horas** caelum sustinebat.
Herkules hielt wenige Stunden lang den Himmel/das Himmelsgewölbe.

Übungen | **Abschlusstest**

a. und b.

Constat Eurystheum regem mihi multos labores **imposuisse**. Rex voluit me multos annos contra monstra saeva **pugnare**. Labores sine timore suscepi. Eurystheus iussit me nonnulla monstra arcessere. Itaque cum apro Erymanthio ad regem properavi. Constat regem monstrum **conspexisse** et valde **timuisse**. Scio Eurystheum magno cum clamore in vas **fugisse**.

Es ist bekannt, dass König Eurystheus mir viele Arbeiten ~~auferlegt~~ **auferlegt hat**.
Der König wollte, dass ich viele Jahre lang gegen wilde Ungeheuer kämpfe. Ich habe die Arbeiten furchtlos auf mich genommen. Eurystheus befahl mir, einige Ungeheuer herbeizuschaffen. Deshalb bin ich mit ~~den Erymantischen Ebern~~ **mit dem Erymanthischen Eber** schnell zum König gegangen. Es ist bekannt, dass der König ~~die~~ **das** Ungeheuer erblickte und sich sehr fürchtete. Ich weiß, dass Eurystheus mit großem Geschrei in ein Gefäß geflüchtet ist.

Lektion 19

Übungen | Abschlusstest

W 1. -que|tollere|augere|nullus|gloria|omnis|immo|quidem|demittere|acer|mortalis|lux|mens|annus|ingens|celer|caput|incredibilis|ne … quidem

lateinisch	deutsch	lateinisch	deutsch
-que	und	celer	schnell
augere	vermehren, vergrößern	gloria	der Ruhm, die Ehre
ingens	riesig, gewaltig	omnis	jeder; all; ganz
mortalis	sterblich; Subst.: der Sterbliche, der Mensch	incredibilis	unglaublich
acer	scharf; heftig, wild	annus	das Jahr
mens	der Geist, der Verstand	quidem	zwar, freilich
immo	im Gegenteil; ja sogar	nullus	kein
ne … quidem	nicht einmal	caput	das Haupt, der Kopf
lux	das Licht, das Tageslicht	demittere	hinabschicken; sinken lassen
tollere	hochheben, aufheben, erheben; beseitigen, wegnehmen; vernichten		

G1 **2.** a. timore **incredibili** – viri **celeres** – templa **omnia** –
bestia **acris** – vulnus **acre** – hominum **omnium** – mortalibus **miseris**

b. Ira Iunonis **acris** erat, quia Hercules fuit filius Iovis.
Der Zorn Junos war heftig, weil Herkules Jupiters Sohn war.

Constat maximam vim **omnium** mortalium fuisse Herculi.
Es steht fest, dass Herkules die größte Kraft aller Sterblichen besaß/von allen Sterblichen hatte.

Hercules puer dracones magnos vi **incredibili** necavit.
Herkules tötete als Junge große Schlangen mit unglaublicher Kraft.

Hercules Hydrae **omnia** capita secavit.
Herkules schnitt alle Köpfe der Hydra ab.

G2 **3.** a.

III + IV = septem	III x II = sex
X – I = novem	IV – II = duo
II – I = unus	IX – VI = tres
II x II = quattuor	IX – V + IV = octo
VI – I = quinque	V + V = decem

b. primus, secundus, tertius, quartus, quintus, sextus, septimus, octavus, nonus, decimus

Übungen | Abschlusstest

a. Cacus: „Ah, tam pulchros boves video! Eos rapere et in speluncam **ingentem** agere volo." Hercules, postquam **omnia** pecora abesse intellexit, statim ea quaerere coepit, sed invenire non potuit. Hercules animum demittebat, cum subito voces boum audivit et eo modo speluncam Caci invenit. Statim Hercules speluncam intravit. Ibi Cacum vidit, necavit, **omnes** boves liberavit.

b. Cacus (sagte): „Ach, ich sehe so schöne Rinder! Ich will die Rinder rauben und in die/eine gewaltige Höhle treiben." Nachdem Herkules bemerkt hatte, dass die ganze Viehherde/alle Rinder fehlte(n), begann er sofort, sie zu suchen, konnte sie aber nicht finden. Herkules ließ (schon) den Mut sinken, als er plötzlich die Stimmen/das Gebrüll der Rinder hörte und auf diese Weise die Höhle des Cacus fand. Sofort betrat Herkules die Höhle. Dort sah er Cacus, tötete ihn und befreite alle Rinder.

Lektion 20

Übungen | Abschlusstest

W **1.** a.

fatum	das Schicksal; das Verhängnis	valere	gesund sein; vermögen; Einfluss haben	permittere	erlauben, überlassen
auxilium	die Hilfe	violare	verletzen, misshandeln	prohibere	abhalten (von), hindern (an), verhindern
ruere	(sich) stürzen, eilen, rennen	defendere	verteidigen (gegen)	necesse est	es ist nötig
cedere	(weg-)gehen, weichen; nachgeben	soror	die Schwester	novus	neu, neuartig

E	R	H	L	C	V	B	N	S	A	C	O	N	D	E	R	E	A
V	A	L	E	R	E	D	F	P	Q	F	E	L	M	N	B	C	C
F	U	B	N	M	F	G	H	E	B	C	D	C	N	O	V	U	S
S	X	L	H	L	M	N	V	C	E	D	E	R	E	R	T	P	U
V	I	O	L	A	R	E	D	U	D	D	F	U	C	F	X	R	C
A	L	L	S	M	S	D	F	L	I	O	E	E	E	H	X	O	V
D	I	T	O	N	F	S	D	U	T	P	N	R	S	L	G	H	B
F	U	F	R	B	A	C	L	M	D	O	D	E	S	E	H	I	N
A	M	I	O	I	T	R	T	O	M	L	E	H	E	R	L	B	M
H	R	X	R	Q	U	G	T	U	I	L	R	U	E	T	T	E	S
L	T	P	E	R	M	I	T	T	E	R	E	B	S	U	R	R	D
N	O	S	T	E	R	S	E	M	A	R	A	T	T	E	R	E	F

b. Is orator nihil valet. Dieser Redner hat keinen Einfluss.
Si vales, bene est; ego valeo. Wenn du gesund bist, ist es gut; ich bin gesund.

W G1 **2.** Menelaus: „Paris honorem meum violavit."
Menelaus (sagt/e): „Paris verletzte meine Ehre/hat ... verletzt."
„Tu, Helena, fatum tuum non ignoras."
„Du, Helena, kennst dein Schicksal gut."
Menelaus mentem suam amisit.
Menelaus verlor seinen Verstand.
Menelaus ad amicos: „Auxilio vestro vincere possum!"
Menelaus sagt/e zu den /seinen Freunden: „Mit eurer Hilfe kann ich siegen!"

G2 **3.**

Puellae sibi placent.	Die Mädchen gefallen sich.
Puellae in speculo libenter se spectant.	Die Mädchen betrachten sich gern im Spiegel.
Puer servam eius vocat. (eius – nicht-reflexiv)	Der/Ein Junge ruft deren/dessen Sklavin.

4. a. und b.

Venus se vincere posse putat.	Venus glaubt, dass sie (selbst) siegen kann.
Minerva autem putat eam vincere non posse;	Minerva aber glaubt, dass diese/sie nicht siegen kann;
nam Minerva se pulcherrimam esse putat.	denn Minerva glaubt, dass sie (selbst) die schönste ist.
Etiam Iuno se pulcherrimam esse putat.	Auch Juno glaubt, dass sie (selbst) die schönste ist.
Putat eas vincere non posse.	Sie glaubt, dass diese/sie nicht siegen können.

Übungen | **Abschlusstest**

a.

Possessivpronomen	Personalpronomen	nicht-reflexives Possessivpronomen	reflexives Personalpronomen
mea, nostrum	me, me, me, ego	eius	se

Menelaus: „Ira mea ingens est. Scio Helenam pulchram esse. Coniugem valde amo. Itaque fatum nostrum mutare debeo. Scio Helenam cum Paride nunc esse. Constat me de Helena pugnare debere."
Helena: „Oh, me miseram! Paris me amat et putat se Menelaum vincere posse. Ego autem mores coniugis non ignoro. Iram eius timeo."

b. Menelaus (denkt): „Mein Zorn ist gewaltig. Ich weiß, dass Helena schön ist. Meine Gattin/Ehefrau liebe ich sehr. Deshalb muss ich unser Schicksal verändern. Ich weiß, dass Helena jetzt mit Paris (zusammen) ist. Es steht fest, dass ich um Helena kämpfen muss."
Helena (denkt): „Oh ich Arme! Paris liebt mich und glaubt, dass er Menelaus besiegen kann. Ich aber kenne den Charakter meines Gatten/Ehemannes genau. Ich fürchte seinen Zorn."

Lektion 21

Übungen | Abschlusstest

W **1.** insula/abire/unde/subire/praebere/ire/sinere/redire/praeterea/accipere/praeterire/restituere / ars/quo / inire/adire/nemo

lateinisch	deutsch	lateinisch	deutsch
insula	die Insel; das (mehrstöckige) Mietshaus	sinere	lassen, zulassen, erlauben
accipere	annehmen, empfangen, erhalten; vernehmen	praeterea	außerdem
praebere	darreichen, gewähren	subire	daruntertreten; auf sich nehmen
ars	die Kunst; die Fertigkeit, die Geschicklichkeit	abire	weggehen
adire	herangehen (an), aufsuchen, auf sich nehmen; angreifen	inire	hineingehen, betreten; beginnen
unde	woher?	ire	gehen
praeterire	vorübergehen, vorbeigehen; vergehen; übergehen	redire	zurückgehen, zurückkehren
quo	wohin?, wodurch?; dorthin	nemo	niemand
restituere	wiederherstellen, zurückversetzen		

G1 **2.** a. ea – ita – eo – ite – id – istis – eius – iis – eunt – i – ibi – it
b. decedo → abeo   decedis → abis   deceditis → abitis
decedunt → abeunt   decedebamus → abibamus

G2 **3.** a.

Präsens		
Imperfekt	subibat	er/sie/es trat darunter; nahm auf sich
Perfekt	rediit adiit praeterierunt	er/sie/es ist zurückgegangen, zurückgekehrt er/sie/es ist herangegangen (an), hat aufgesucht, auf sich genommen; in Angriff genommen, ist angegangen sie sind vorbeigegangen; vergangen; haben übergangen

b. 1. Ulixes magna pericula **subibat**.
Odysseus nahm viele Gefahren auf sich.
2. Quia insulam Sirenum **praeterierunt**, socii Ulixem in vincula dederunt.
Weil sie an der Insel der Sirenen vorbeifuhren, fesselten die Gefährten Odysseus.
3. Penelope: „Maritus nondum **rediit**!"
Mein Ehemann ist noch nicht zurückgekehrt.
4. Ulixes tandem Ithacam **adiit**.
Endlich näherte sich Odysseus Ithaka./Endlich suchte Odysseus Ithaka auf.

G3 **4.** Sociorum est multa pericula adire.
Es ist die Bestimmung der Gefährten, viele Gefahren auf sich zu nehmen.
Ulixis est labores subire.
Es ist das Schicksal des Odysseus, Mühen auf sich zu nehmen.
Troianorum est Troiam defendere.
Es ist die Aufgabe der Trojaner, Troja zu verteidigen.

Übungen | **Abschlusstest**

1. der Mann der Meere (vis marium): Es handelt sich um einen Vokabelfehler. *vis* bedeutet „Kraft" oder „Gewalt", das lateinische Wort für Mann ist *vir*, d. h. die Übersetzung sollte lauten: „die Gewalt der Meere".

2. ich aber fliehe vor ihr (ego autem eam fugi): Es handelt sich um einen Tempusfehler. *fugi* ist 1. Person Singular Perfekt, „ich fliehe" ist dagegen Präsens, d. h. die Übersetzung sollte lauten: „Ich aber bin vor ihr geflohen."

3. Jetzt freue ich mich, dass ich in die Heimat zurückkehre (Nunc me in patriam redisse gaudeo.): Es handelt sich um einen Tempusfehler bei der Übersetzung eines AcI-Satzes. *redisse* ist Infinitiv Perfekt und steht somit im Zeitverhältnis der Vorzeitigkeit zum Prädikat des übergeordneten Satzes *gaudeo*, das im Präsens steht. D. h. die Übersetzung sollte lauten: „Jetzt freue ich mich, dass ich in die Heimat zurückgekehrt bin."

Lektion 22

Übungen | Abschlusstest

W **1.**
- nehmen, fangen, ergreifen; einnehmen: **capere**
- besitzen: **possidere**
- unterrichten; einführen; errichten: **instituere**
- öffnen; aufmachen: **aperire**
- entflammen, in Brand setzen: **incendere**
- vor: **ante**
- anfangen, beginnen: **incipere**
- das Meer: **mare**
- brennen, glühen: **ardere**
- fromm; verantwortungsbewusst, pflichtbewusst: **pius**
- kennenlernen, erkennen; erfahren; *Perf.* wissen, kennen: **cognoscere**
- die Träne: **lacrima**
- die Nacht: **nox**
- das Vaterland, die Heimat: **patria**
- sich irren, (umher)irren: **errare**

i	n	c	e	n	d	e	r	e	
p			a	p	e	r	i	r	e
o			i		r			p	r
s	i		r		r			i	e
s	n		t	m	a	r	e	u	d
i	s		a		r			s	r
d	t		p		e				a
e	i	n	c	i	p	e	r	e	a
r	t	c	a	p	e	r	e		n
e	u	a	m	i	r	c	a	l	t
	e							n	e
e	r	e	c	s	o	n	g	o	c
	e							x	

G1 **2.**

Präsens	Perfekt	Plusquamperfekt
erramus	**erravimus**	**erraveramus**
sedes	sedisti	**sederas**
incendo	**incendi**	**incenderam**
aperit	**aperuit**	aperuerat
incipiunt	**coeperunt**	**coeperant**
erratis	**erravistis**	erraveratis

G2 **3.**
augere: auxi – auxeratis – auxerunt – auxerant – auximus – auxeramus – auxeram
violare: violavi – violaveratis – violaverunt – violaverant – violavimus – violaveramus – violaveram
relinquere: reliqui – reliqueratis – reliquerunt – reliquerant – reliquimus – reliqueramus – reliqueram
effugere: effugi – effugeratis – effugerunt – effugerant – effugimus – effugeramus – effugeram
venire: veni – veneratis – venerunt – venerant – venimus – veneramus – veneram

G3 **4.** a. und b.
In urbe Troia Aeneas habitavit. **Qui** filius Veneris erat.
Sed Aeneas multa nocte urbem reliquit. **Quam** Graeci ceperant.
Aeneas cum patre prima luce fugere potuit. **Quem** Aeneas umeris suis imposuerat.

Übungen | **Abschlusstest**

a. und b.
Aeneas se cum sociis multa nocte e Troia fugisse narrat. Tum Dido amore acri arsit. Aeneas pulchram mulierem amavit. Qui neglegere iam coepit id, quod dei **iusserant**.
Itaque Mercurius Aeneam adiit. Qui acribus verbis Aeneam iussit Italiam petere.
Tum Aeneas consilium cepit prima luce fuga salutem petere.
Dido autem, quae consilium Aeneae iam **cognoverat**, eum multis cum lacrimis flectere studuit. Pius Aeneas autem, quem Mercurius de fato **monuerat**, Carthaginem reliquit.

c. Aeneas erzählt, dass er tief in der Nacht zusammen mit seinen Gefährten aus Troja geflohen ist. Da brannte Dido vor heftiger Liebe/verliebte sich Dido sehr. Aeneas liebte die schöne Frau. Dieser/Er begann schon das zu vernachlässigen, was die Götter ihm befohlen hatten. Deshalb trat Merkur an Aeneas heran. Dieser/Er befahl Aeneas mit strengen/scharfen Worten, Italien aufzusuchen/sich auf den Weg nach Italien zu begeben. Darauf fasste Aeneas den Entschluss, bei Tagesanbruch sein Heil in der Flucht zu suchen.
Dido jedoch, die Aeneas' Entschluss bereits erkannt/geahnt hatte, bemühte sich, ihn unter vielen Tränen umzustimmen. Aber der pflichtbewusste Aeneas, den Merkur an seine Bestimmung/sein Schicksal erinnert hatte, verließ Karthago.

Lektion 23

Übungen | Abschlusstest

W **1.**

Vokabel	deutsche Bedeutung(en)	deutsches Fremdwort
causa	der Grund, die Ursache	kausal
iurare	schwören	Jura
superbus	hochmütig; stolz	souverän, superb
mox	bald; dann	
umbra	der Schatten	
vertere	drehen, (um) wenden	die Version
infelix	unglücklich	
ceteri	die übrigen, die anderen	et cetera (etc.)
-ne	unübersetzte Fragepartikel	
inter	zwischen; während	international

G1 **2.**

	Präsens	Futur
1. P. Singular	video	videbo
2. P. Singular	iuras	iurabis
3. P. Singular	vertit	vertet
1. P. Plural	capimus	capiemus
2. P. Plural	clauditis	claudetis
3. P. Plural	custodiunt	custodient

G2 **3.**

hodie	cras
necat – er/sie/es tötet	necabit – er/sie/es wird töten
tenemus – wir halten (fest)	tenebimus – wir werden (fest)halten
pono – ich setze, stelle, lege (auf)	ponam – ich werde setzen, stellen, legen (auf)
fugis – du fliehst (vor); meidest	fugies – du wirst fliehen (vor); meiden

G3 **4.** 1. Wird Anchises etwa Aeneas nicht die Zukunft voraussagen? – **Ja, doch!** *(nonne?)*
2. War Aeneas unglücklich, weil er seinen Vater verloren hatte? – **Ja!** *(-ne?: ja oder nein)*
3. Irrt Aeneas etwa gerne über das Meer? – **Nein!** *(num?)*

Übungen | **Abschlusstest**

a. *Aeneas:* „Tu, o Sibylla, futura providere potes. Nonne vides finem errorum? Num **decedam** de vita? Quando patriam novam **inveniam**? Dicesne mihi futura, Sibylla?"
Sibylla: „Iam futura tibi dicam. Cum sociis in Latium **ibis**. Ibi multi hostes vos **exspectabunt**.
Tandem hostes **vincetis**. Tum dei vos in Latio considere **permittent**."

b. *Aeneas:* „Du, Sibylle, kannst die Zukunft voraussehen. Du siehst doch ein Ende der Irrfahrten? Werde ich etwa sterben? Wann werde ich die/eine neue Heimat finden? Wirst du mir die Zukunft voraussagen, Sibylle?"
Sibylle: „Schon/Gleich werde ich dir die Zukunft voraussagen. Du wirst mit deinen Gefährten nach Latium gehen. Dort werden euch viele Feinde erwarten. Schließlich werdet ihr die Feinde besiegen. Dann werden die Götter erlauben, dass ihr euch in Latium niederlasst."

Lektion 24

Übungen | Abschlusstest

W **1.**

(solange) bis; solange; *(m. Ind. Präs.)* während	d u m
die Herrschaft, die Königsherrschaft; das Reich	r e g n u m
die Mauer	m u r u s
nachdem	p o s t q u a m
obwohl	q u a m q u a m

G1 **2.** Faustulus **quamquam** lupam **timebat**, tamen ad eam accessit.
Obwohl Faustulus die Wölfin fürchtete, näherte er sich ihr dennoch.
Lupa **postquam** eum **audivit**, caput vertit et eum spectavit.
Nachdem die Wölfin ihn gehört hatte, wandte sie den Kopf und betrachtete ihn.
Coniunx Faustuli pueros ut suos filios alit, **quia** Faustulum signum deorum vidisse **putat**.
Die Ehefrau des Faustulus zieht die Jungen wie ihre eigenen Söhne auf, weil sie glaubt, dass Faustulus ein Zeichen der Götter gesehen hat.

G2 **3.**

Futur I	Futur II
iurabit – er/sie/es wird schwören	iuraverit – er/sie/es wird geschworen haben
sedebimus – wir werden (da)sitzen	sederimus – wir werden (da)gesessen sein
cognosces – du wirst kennenlernen, erkennen; erfahren	cognoveris – du wirst kennengelernt, erkannt; erfahren haben
facient – sie werden tun, machen, ausführen	fecerint – sie werden getan, gemacht, ausgeführt haben
veniam – ich werde kommen	venero – ich werde gekommen sein
incipietis – ihr werdet anfangen, beginnen	coeperitis – ihr werdet angefangen, begonnen haben
ibit – er/sie/es wird gehen	ierit – er/sie/es wird gegangen sein

G3 **4.**

Perfekt	Plusquamperfekt	Futur I	Futur II
cepisti	petiverant	servabo	mansero
potuerunt	cucurreram	retinebit	decesseris
ierunt	dederant	bibent	fueris
deposui	cognoveramus	quaeremus	possederint

Übungen | **Abschlusstest**

a. Romulus et Remus urbem novam ad Tiberim condere paraverunt. Fratres, quia uterque regnare cupiebat, deos decernere voluerunt. Romulus ad Remum: „Si plurimos vultures **videris**, urbi novae nomen **dabis**." Romulus Palatium montem, Remus Aventinum montem petivit. Ibi signum deorum exspectabant. Romulus murum facere coepit, postquam plurimos vultures vidit. Romulus: „Si tu murum meum **tetigeris**, te **necabo**!" Quamquam Romulus eum monuerat, Remus murum fratris transsiluit. Tum Romulus fratrem necavit.

b. Romulus und Remus hatten vor, eine neue Stadt am Tiber zu gründen. Weil jeder von beiden zu regieren wünschte, wollten die Brüder, dass die Götter (über die Herrschaft) entscheiden. Romulus sprach zu Remus: „Wenn du die meisten Geier gesehen haben wirst/gesehen hast/siehst, wirst du der neuen Stadt den/ihren Namen geben. Romulus suchte den Hügel Palatin auf/ging zum Hügel Palatin, Remus den Hügel Aventin/ging zum Hügel Aventin. Dort warteten sie auf das/ein Zeichen der Götter. Romulus begann eine Mauer zu bauen, nachdem er die meisten Geier gesehen hatte. Romulus sagte: „Wenn du meine Mauer berührt haben wirst/berührst, werde ich dich töten." Obwohl Romulus ihn gemahnt/gewarnt hatte, sprang Remus über die Mauer seines/des Bruders. Da/Dann tötete Romulus seinen Bruder.

Lektion 25

Übungen | Abschlusstest

W 1.

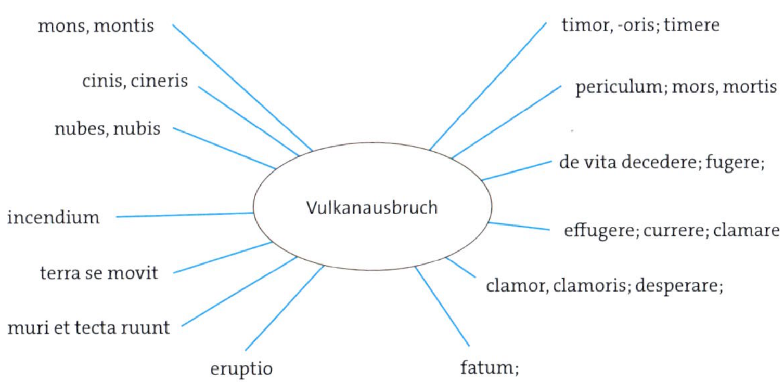

G1 2. Plinius avunculum studia amare non ignoravit.
Avunculum nonnullos libros de rerum natura composuisse scimus.
Hominibus adesse quam periculum effugere maluit.
Avunculum prope Vesuvium montem de vita decessisse constat.

ja	nein
x	
x	
	x
x	

G2 3. 1. Meine Mutter erzählte mir, dass der Onkel viele Gefahren auf sich genommen hatte.
Mater mihi narravit avunculum multa pericula ~~suscipere~~/suscepisse.
Zeitverhältnis: **Vorzeitigkeit**

2. Der Onkel sagte: „Ich bin darum bemüht, die Natur zu verstehen."
Avunculus: „Rerum naturam intellegere/~~intellexisse~~ studeo."
Zeitverhältnis: **Gleichzeitigkeit**

3. Es steht fest, dass der Onkel fern von dem Landhaus den Vesuv betrachten wollte.
Avunculum procul a villa Vesuvium spectare/~~spectavisse velle~~/voluisse constat.
Zeitverhältnis: **Vorzeitigkeit**

4. Denn er hatte im Sinn, die Ursachen des Ausbruchs zu erkennen.
Nam causas eruptionis cognoscere/~~cognovisse~~ in animo habuit.
Zeitverhältnis: **Gleichzeitigkeit**

G3 4. a. ea – ego – tibi – eum – se – sibi – eos – me – eis – tu – nos – eius – vobis – eorum

b.
ea: Nom./Abl. Sg. f., Nom./Akk. Pl. n. – ego: Personalpron. 1. Pers. Nom. Sg. –
tibi: Peronalpron. 2. Pers. Dat. Sg. – eum: Akk. Sg. m., Nom./Akk. Sg. n. – se: reflexives Personalpron. 3. Pers. Akk. Sg./Pl. – sibi: reflexives Personalpron. 3. Pers. Dat. Sg./Pl. –
eos: Akk. Pl. m. – me: Personalpron. 1. Pers. Akk. Sg. – eis: Dat./Abl. Pl. m./f./n. –
tu: Personalpron. 2. Pers. Nom. Sg. – nos: Personalpron. 1. Pers. Nom./Akk. Pl. – eius: Gen. Sg. m./f./n. – vobis: Personalpron. 2. Pers. Dat. Pl. – eorum: Gen. Pl. m./n.

c. und d.
– Plinius de avunculo timuit. Scivit enim eum non solum causas eruptionis intellegere, sed etiam homines servare velle. (eum bezieht sich auf avunculo)
Plinius hatte Angst um seinen Onkel. Er wusste nämlich, dass dieser nicht nur die Ursache des Ausbruchs verstehen, sondern auch Menschen retten wollte.
– Avunculus eos in periculo esse intellexit. (eos bezieht sich auf homines im vorherigen Satz)
Der Onkel erkannte, dass sie in Gefahr waren.
– Omnes timuerunt et sibi mortem instare crediderunt. (sibi bezieht sich auf omnes)
Alle fürchteten sich und glaubten, dass ihnen der Tod drohte.
– Avunculus se hominibus adesse debere putavit: „Me pericula subire debere credo." (se und me beziehen sich auf avunculus bzw. credo, womit auch der Onkel gemeint ist)
Der Onkel meinte, dass er den Menschen helfen müsse: „Ich glaube, dass ich die Gefahren auf mich nehmen muss."

Übungen | **Abschlusstest**

a. Memoria teneo nos multas horas in horto sedisse et avunculum exspectavisse. Certe timor mihi erat. Sororis enim est de fratre timere. Tum hortum reliquimus. Oculos ad Vesuvium verti et nubem ingentem, quae se tollebat in caelum et cinerem mittebat, animadverti. Dum nubem specto, homines et clamare et flere audivi. Multos cum lacrimis per vias errare, parentes liberos curare, nonnullos animum demittere vidi ...

b. Ich habe in Erinnerung, dass wir viele Stunden lang im Garten gesessen sind und den Onkel erwartet haben. Sicher hatte ich Angst. Es ist nämlich die Aufgabe einer Schwester, Angst um ihren Bruder zu haben. Dann verließen wir den Garten. Ich richtete meine Augen auf den Vesuv und bemerkte eine riesige Wolke, die sich im Himmel auftürmte und Asche fallen ließ. Während ich die Wolke betrachtete, hörte ich Menschen sowohl schreien als auch weinen. Ich sah, dass viele Menschen mit Tränen durch die Straßen irrten, Eltern sich um ihre Kinder kümmerten, manche den Mut sinken ließen ...

Training für Schularbeiten (Aufgabenteil B)

Lektion 1–5

A (Sprache):
libri Sibyllini, Capitolium, templa, arae, deos, deas, colunt, sacra (faciunt), timent, Iuppiter, Iuno, Minerva, Vulcanum

B (Text):
Severus lobt Rufus, weil er die drei Gottheiten nennen kann, denen der Tempel auf dem Kapitol geweiht ist.

C (kultureller Kontext):
Die Römer glaubten in der Regel an die Macht der Götter und versuchten aus Furcht, sie gnädig zu stimmen (*Romani enim deos timent.*). Um sich die Hilfe einer Gottheit zu sichern, brachten die Gläubigen dieser Gottheit ein Opfer dar (*sacra faciunt*). Hierzu wurden zumeist Schweine, Hühner oder Schafe geschlachtet und Teile der Tiere auf dem Altar verbrannt. Dieser stand nicht in, sondern immer *vor* dem Tempel der jeweiligen Gottheit. Wenngleich es überall in Rom Tempel und Altäre gab und jede Familie sogar zu Hause ihre eigenen Hausgötter (die Penaten) verehrte, war das religiöse Zentrum der Stadt das Kapitol. Dies war einer der sieben Hügel Roms, auf dem der wichtigste Tempel der Römer stand. Dieser war für die drei wichtigsten Götter vorgesehen – Jupiter, Juno und Minerva (*Ibi Iuppiter, Iuno, Minerva templum habent.*).

Lektion 6–10

A (Sprache):
Abl. des Mittel: *medicamentis, ferro* (Z. 3, 4)
Abl. der Trennung: *doloribus, vulnere* (Z. 2/3)
Abl. des Grundes: *verbis, doloribus* (Z. 1/2)

B (Text):
Philippus hält seine Tätigkeit als Arzt für sehr wichtig, weil er sich um die Körper der Gladiatoren kümmert (*curo*) und ihre Schmerzen stillen kann (*doloribus libero*).

C (kultureller Kontext):
Dafür, dass Gladiatoren Opfer waren, spricht, dass sie brutal gegeneinander kämpfen mussten, um zur Unterhaltung der Bevölkerung beizutragen. Dabei erlitten sie Verwundungen oder wurden getötet. Dagegen spricht, dass sie von den Zuschauern wie Stars verehrt wurden. Publikumslieblinge konnten hohe Preisgelder und großes Ansehen gewinnen.

Lektion 11–15

A (Sprache):
magno in periculo – Marcus miser/filius miser – libertatem pulchram

B (Text):
Tiros Freund sieht in den Thermen einen Ort der Freizeit und Muße (*otium*), an dem man sich erholen kann. Tiro, der ja in Lektion 10 freigelassen wurde, soll sich nach Meinung des Freundes dort wie ein ›freier Mensch‹ fühlen und die Atmosphäre der Thermen genießen.

C (kultureller Kontext):
Klassischerweise gab es in einer römischen Therme folgende Bereiche bzw. Räume: **apodyterium** (Umkleideraum) — **frigidarium** (Kaltbad) – **tepidarium** (Wärmeraum von mittlerer Temperatur) – **caldarium** (Warmbad) – **sudatorium** (Sauna) – **natatio** (Kaltwasserbecken zum Schwimmen) – **palaestra** (Sportplatz)

Lektion 16–20

A (Sprache):

AcI-Konstruktion	Zeitverhältnis
(Puto) **deos** te **amare**:	gleichzeitig
Te autem filios et coniugem **perdidisse** constat.	vorzeitig

B (Text):
Eurystheus betont, dass Herkules ein Liebling der Götter ist: Tantalus tötete nur eine Person und muss Jahrhunderte im Tartarus büßen. Herkules hat Söhne und Ehefrau umgebracht – und muss nur wenige Jahre arbeiten.

C (kultureller Kontext):
Eurystheus musste erleben, dass Herkules nicht an seinen Aufgaben scheiterte oder dabei ums Leben kam, sondern fast unmögliche Taten vollbrachte und dadurch noch berühmter wurde.

Lektion 21–25

A (Sprache):
ceperant, erraverat, invenerat, prohibuerant, voluerant

B (Text):
Das Pronomen *eam* bezieht sich auf *Creusam (coniugem)* im vorausgehenden Satz.

C (kultureller Kontext):
Da im Text davon die Rede ist, dass Aeneas das Schattenbild (*umbra*) seiner Frau findet, wird klar, dass Creusa tot ist. Zu Aeneas spricht in dieser Passage also keine lebende Person, sondern seine verstorbene Frau.

Das kann ich jetzt – Das merke ich mir!

Lektion	Das kann ich jetzt	Das merke ich mir!
1		
2		
3		
4		
5		
6		
7		
8		
9		
10		
11		
12		
13		
14		
15		
16		
17		
18		
19		
20		
21		
22		
23		
24		
25		